ドイツ人はなぜ、1年に150日休んでも仕事が回るのか

熊谷　徹

青春新書
INTELLIGENCE

はじめに

「ドイツ人のサラリーマンは、1年に150日休んでいる」

と言うと、たいていの日本人サラリーマンはびっくりする。1年365日のうちの150日というと、3分の1以上を休んでいることになる。それで仕事は回るのか、と。

その内訳は、土日が1年で約100日（これは日本でも同じ日数だ）、それに祝日やクリスマス休暇、有給休暇などを加えて150日になる。実際には150日以上休んでいるドイツ人も珍しくない。

ドイツ企業のほとんどのサラリーマンは、毎年約30日の有給休暇をほぼ100％消化し、1日10時間以上働かない。午後6時には、たいていの企業のオフィスはがらんとしている。日曜日と祝日の労働は、原則として禁じられている。土曜日に働くサラリーマンも、めったにいない。

そうしてきちんと休むにもかかわらず、ドイツ経済は、絶好調である。失業率は低下し、企業は高い収益を上げ、ユーロ圏の牽引役として重要な役割を果たしている。

しかも、短い労働時間にもかかわらず、国民1人あたりの国内総生産（GDP）は、日本人を上回っているのだ。

一体なぜ、このようなことが可能なのだろうか。私はNHKで8年間記者として働いた後、1990年にドイツにやってきた。25年間にわたって、この国と欧州の経済、政治、文化について定点観測を行い、日本のメディアに毎日記事を送り、15冊の本を発表した。私は、欧州に数年しか滞在しない日本の新聞社やテレビ局の特派員とは全く違った視点で、この地域について分析を行っている。

日本での労働条件は、私が日本で働いていた頃に比べて大きく改善されたとは思えない。相変わらず、過労死や過労によるうつ病、毎年2万人を超える自殺者についての報道が後を絶たない。それどころか日本政府は、年収が比較的高い労働者（ホワイトカラー）については、労働時間に関する規制を緩めることすら検討している。いわゆるホワイトカラー・エグゼンプション（ホワイトカラー労働時間規制適用免除制度）だ。

我々日本人は、「ワーク・ライフ・バランスを改善して、自分や家族のための自由時間を増やすことは不可能だ」とあきらめてはいないだろうか。そんなことをしたら、「仕事の成果が上がらなくなってしまう」と考えてはいないだろうか。

私はドイツで働く人々を間近で見てきて、日本でもワーク・ライフ・バランスを抜本的に改善し、それによって仕事の生産性を高めることは、可能だと信じている。だが、そのためには日本の政治や社会、特に法律を変えることが必要だ。また個人レベルでも、どのようにすれば効率よく働けて、いままで以上の成果を上げることができるかを考え、工夫する必要がある。労働時間や休日に関する日独間の違いには、価値観や人生に対する考え方の違いも反映している。しかし我々日本人にも、できることはあるはずだ。

人生は短く、しかも1回きりしかない。1人でも多くの日本人が、自分のための時間を増やせることを願って、この本を書いた。

2015年7月　ミュンヘンにて

熊谷　徹

注：ユーロと円の為替レートは、1ユーロ＝140円で統一しています。ドルと円の為替レートは、1ドル＝118円で統一しています。

目次

第3章　日本の1・5倍！ドイツの高い労働生産性の秘密

第4章 アメリカ型資本主義は目指さない！ドイツの「社会的市場経済」

第5章　短い労働時間、高い生産性の一方で…ドイツ流の問題点

第６章　報われる働き方のために――日独〝いいとこ取り〟のススメ

本文DTP／エヌケイクルー

第1章

有休30日、消化率100%…でも仕事が回るドイツの働き方

人生で一番大事なものは休暇？

日本とドイツの労働事情の中で最も異なる点の1つは、有給休暇だ。これは、人生の質（クオリティ・オブ・ライフ）につながる重要な問題である。

ドイツ語でUrlaub《ウアラウプ》と呼ばれる休暇は、人々のメンタリティや人生観を理解する上で、最も重要な言葉の1つである。

私はNHKの記者だった1989年に、ドイツで裁判官をインタビューしたことがある。取材のテーマは、この裁判官が有罪判決を下したナチスの戦犯に関するもので、休暇とは全く関係なかった。だが、ビデオカメラによるインタビューの後の雑談の中で、たまたま話題が労働時間と休暇に移った。

私は、ナチスの過去との対決をテーマにしたNHKスペシャルの取材のために、3ヶ月間にわたり西ドイツとポーランドを旅行していた。約1時間のドキュメンタリー番組を作るためである。

出張の長さに驚いた裁判官が私に「休暇は何週間くらいあるのですか」と尋ねた。「紙の上では２週間ありますが、実際に取るのは１週間程度です」と答えた。裁判官は目を丸くして、「そんなに身を粉《こ》にして働いて、家族は心配しないのですか」と尋ねた。

私は当時独身だった。この頃、ＮＨＫスペシャルの取材では、記者とディレクターとカメラマンが３ヶ月外国で取材するのは、珍しくなかった。当時私はこのような取材を毎年２回ずつ行っていたので、１年のうち半年は、海外出張だった。

１つのテーマを追いかけて、３ヶ月間欧州や米国を飛び回る取材は、楽しかった。旅行が日常になっていた。だが裁判官の目には、私は「仕事のことしか考えず、プライベートライフを顧《かえり》みないクレージーな日本人」と映ったに違いない。実際、私はそういう人間だった。

裁判官は、雑談の最後に「**仕事は重要ですが、自分の時間を犠牲にすることに他なりません。我々ドイツ人にとって、休暇とは、人生の中で最も重要なものです**」と語った。

当時、私はこの言葉の背景がよくわからなかった。いや、私はこの人の言葉に違和感すら覚えた。この頃の私にとっては、休暇よりも、海外出張の中で体験する感動、取材で見つける新たな事実のほうが、はるかに重要だったからだ。

だが私は１９９０年以来、ドイツに25年間暮らし、この国の人々の生活を観察してきたいま、裁判官が「休暇は人生で一番重要だ」と言った理由をよく理解できる。

私が26年前に裁判官と交わしたこの会話には、我々日本人と、ドイツ人の休暇や自由時間に対する考え方の違いが浮き彫りになっている。

ドイツ人は、**他者のために行う労働の時間と、自分のために使う時間を厳密に区別する。**そして、企業などが自由時間を侵すことを断固拒否し、自由時間の確保を重要視する。彼らにとって、休暇を含む自由時間は、他人が侵してはならない神聖な宝物なのである。

読者の皆さんは「そんな大袈裟な……」と思うかもしれない。実際、この感覚はドイツに住まないと理解しにくいものだ。ではこの事実を理解するために、ドイツの休暇のディテール（細部）を見ていこう。

実際には40日前後の有休をみんなが取っている

ドイツでは日本以上に、休暇を取る権利が法律によって保障されている。1963年に施行された「最低限の休暇に関する法律」は、「全ての勤労者は1年間に最低24日間の有給休暇を取る権利がある」と定めている。つまり企業は、少なくとも24日間の有給休暇を社員に取らせるよう義務づけられているのだ。

２０１５年２月４日に日本経済新聞は、「厚生労働省が２０１６年４月以降、社員に毎年５日間の有給休暇の消化を義務づける方針」と伝えた。大変良いことだと思うのだが、これでもドイツ政府が義務づけている最低休暇日数のおよそ５分の１にすぎない。

しかも大半のドイツ企業が、労働組合との間の賃金協約に基づき、30日間の有給休暇を与えている。さらに、残業時間を１年間に10日前後まで代休として消化することを認めている。大手企業の中には、33日間の有給休暇を与えている会社もある。したがって多くのドイツの会社員は、実際には毎年40日前後の有給休暇を取っていることになる。

もちろん日本の経営者も、社員に有給休暇を与えることを労働基準法によって義務づけられている。だが労基法による最低休暇日数は、企業への就職直後はまず10日であり、継続勤務年数が６年半を超えてようやく20日になる。ほとんどのドイツ企業では、企業に採用されてから半年間の試用期間には、有給休暇を取る資格はない。しかし試用期間が過ぎれば、ただちに30日間の有給休暇を取る権利が与えられる。つまり最低休暇日数において、日独の間にはすでに大きな格差があるのだ。

各国の有給休暇の日数については、統計によってばらつきが見られるので、国際比較は容易ではない。経済協力開発機構（ＯＥＣＤ）の次のグラフは、法律が定める有給休暇の最低日数を表したものだ。日本の場合は、企業への就職直後の日数が使われているので、非常に低くなっている。

ちなみに米国では、有給休暇の最低日数を法律で定めていないために、このグラフではゼロになっている。休暇日数は企業の裁量に任されているのだ。米国の経済界が政府の介入をできるだけ少なくしようとしていることの表れだ。日本はドイツに比べると法定最低休暇日数は少ないが、米国に比べるとましということになる。

日本とドイツで大きく異なる点は、有給休暇として与えられる日数よりも、その取得率だ。ドイツでは管理職以外の大半の社員は、当然の権利として30日間の休暇をほぼ完全に消化している。

厚生労働省の「平成25年就労条件総合調査」によると、２０１３年に日本企業が社員に与えた有給休暇は、１人あたり平均18・３日。ところが実際に社員が取った日数は8・6日で、取得率は47％にとどまっている。

各国の有給休暇の取得率を比べた統計は、きわめて限られている。旅行会社エクスペディアは、毎年18歳以上の勤労者を対象にして、有給休暇の取得率の調査を発表している。

（図表1－1）法律が定める有給休暇の最低日数の国際比較

（2009年）

国　名	法定有給休暇の最低日数
フランス	30日
デンマーク	25日
フィンランド	25日
ノルウェー	25日
スウェーデン	25日
ドイツ	24日
オーストリア	22日
ポルトガル	22日
スペイン	22日
オーストラリア	20日
ベルギー	20日
ギリシャ	20日
アイルランド	20日
イタリア	20日
オランダ	20日
ニュージーランド	20日
スイス	20日
英国	20日
メキシコ	12日
カナダ	10日
日本	10日
米国	0日

資料＝OECD

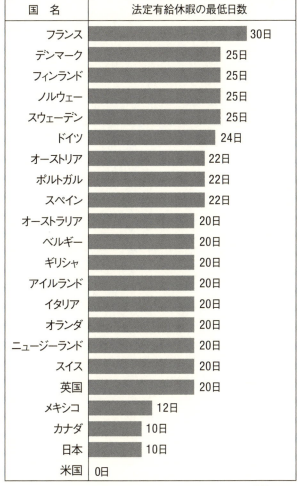

この統計によると、2014年の日本の有給休暇の消化率は、50%。調査の対象となった25ヶ国の中で、韓国に次いで2番目に低かった（日本は2013年まで、有給休暇の取得率が6年連続で最低だった）。

エクスペディアが2013年と2014年の休暇取得率について発表しているグラフには、ドイツは含まれていない。ドイツが最後に発表されたのは2012年の統計、当時ドイツの取得率は95%で、世界第3位だった。

私がドイツで「すごい」と思うのは、大半のサラリーマンが30日間の有給休暇を、完全に取るということだ。ほとんどのドイツ人たちは、本当に毎年30日間、休暇を取っているのだ。

知り合いのドイツ人たちを見ていても、管理職を除けば、有給休暇を100%消化しない人はいない。消化できなかった有給休暇をお金で払ってもらうという話も聞いたことがない。

また休暇の時の連絡先を上司に伝える必要はないし、平社員には、休暇の間に仕事のメールを読む義務もない。休暇の間は完全に「行方不明、音信不通」になることが許される。それは、「週末や休暇中に会社のメールを読んでいると、気分転換ができない」と考える

（図表1-2）2014年の有給休暇取得状況の国際比較

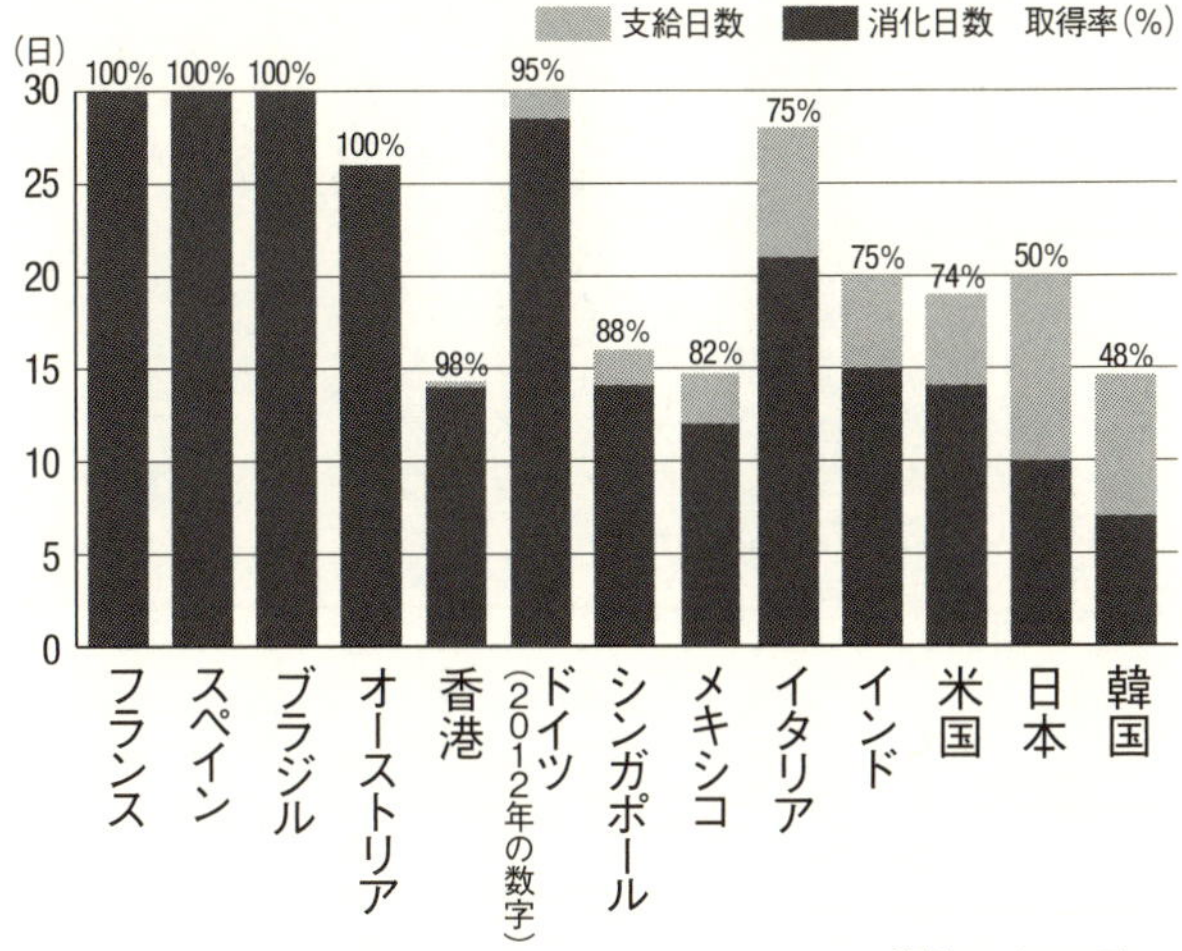

資料＝エクスペディア

人が多いからだ。

もちろん、やる気のある平社員の中には、「休暇から会社に戻った日に３００通を超えるメールを読むのはいやだ」として、休暇中にメールをチェックする人もいるが、それは例外だ（ただし、ほとんどの管理職は、週末や休暇中にメールを読んでいる。管理職の給料は平社員に比べると格段に高いので、彼らは文句を言わない）。

ちなみに、ＢＭＷ社では、自宅や休暇中に仕事上のメールを読むと、その時間は、働いた時間として算入される。また、フォルクスワーゲン社では、退社時間から30分後には、その社員のメールサーバーが閉鎖されて、アクセスできないようになっているほどの徹底ぶりだ（とはいえ、このルールが適用されているのは、全世界で働く約57万人の社員のうち約3500人にすぎないが）。

有給休暇に加えて、ドイツには毎年9～13日間の祝日がある。祝日数は、州によって異なる。大半の祝日は、キリスト教にまつわるもので、カトリック教徒が多い南部地方ほど、祝日の数が多い。たとえば2015年の時点で祝日の数が最も多いのは、バイエルン州の13日。最も少ないのがベルリン州、ブレーメン州、ハンブルク州、ニーダーザクセン州、シュレスヴィヒ＝ホルシュタイン州で、9日である。

さらに、バイエルン州では謝肉祭（カーニバル）の火曜日（2015年は2月17日だった）と、クリスマス・イブ（12月24日）、大晦日（12月31日）は法律による祝日ではないが、大半の企業が休みになる。つまりバイエルン州の多くの企業では、有給休暇と法律上の祝日、事実上の祝日を合わせると、年間46日休めることになる（ただしドイツでは、日本とは異なり、祝日が週末に重なっても振替休日はない）。さらに多くの企業が残業時間を年間10日前後まで代休として消化することを認めている。

こう考えると、バイエルン州の多くの企業では有給休暇、祝日、代休を合わせると、56日間休めることになる。

ドイツの州と主な都市

デンマーク
スウェーデン
北海
シュレスヴィヒ=
ホルシュタイン州
メクレンブルク=
フォアポンメルン州
ハンブルク
ブレーメン州
ハンブルク州
ブレーメン
ポーランド
ニーダーザクセン州
ベルリン州
ベルリン
ポツダム
オランダ
ブランデンブルク州
ノルトライン=
ヴェストファーレン州
ザクセン=
アンハルト州
デュッセル
ドルフ
ライン川
ザクセン州
ボン
テューリンゲン州
ベルギー
ヘッセン州
ラインラント=
プファルツ州
フランクフルト
マインツ
ルクセン
ブルク
チェコ
ザールラント州
バイエルン州
バーデン=
ヴュルテンベルク州
シュトゥットガルト
ドナウ川
フランス
ミュンヘン
オーストリア
スイス

そんなに長く休んで「同僚に迷惑」はかからないもの？

エクスペディアの調査（２０１２年）によると、日本では有給休暇を取りにくい理由として、①経済的な余裕がない、②同僚から否定的な見方をされる、③家族等とスケジュールが合わない、④計画不足のため、⑤休暇の翌年の繰り越しができないため、という理由が挙げられている。

これらの理由の中で、「同僚から否定的な見方をされる」という理由は、日本独特である。しかも、日本の回答者の中で「同僚から否定的な見方をされるので、有給休暇を取りにくい」と答えた人の割合は17％で、インドと並んで世界で最も高かった。

私もＮＨＫの記者だった時に、ドイツへ旅行するために2週間休暇を取ったことがあるが、「自分が休むと同僚たちの仕事量が増えて迷惑がかかる」という良心の呵責《かしゃく》があった。

ドイツでは、有給休暇を取っても、同僚から否定的な見方をされることは、まずない。良心の呵責を感じる人もいない。社員全員が、交代で30日の有給休暇を取るからだ。したがってねたみは起きないし、旅行先からお土産を買ってきて同僚に配る必要もない。ドイツ人にとって、30日間の有給休暇を完全に消化することは、勤労者の当然の権利なのである。

ドイツの企業で、休暇をめぐって同僚との間でもめごとが起きるとすれば、誰がどの順番で休むかについて、意見が合わない時ぐらいだ。

子どもがいる社員は、学校が夏休みになる7月から8月に長い休みを取ろうとするので、休暇を希望する時期がかち合う可能性が高い。したがって、ドイツでは同僚と事前に話し合って、休暇の時期が重ならないように調整することが大切なのである。

ドイツでは、仕事は「人」ではなく「企業」につく

ドイツ人のお客さんが、ある企業に問い合わせの電話をかけたとしよう。担当者は2週間の休暇を取っていて、オフィスにいない。彼の同僚が電話に出て、「担当者はいま休暇を取っておりますので、私が代わってご用件を承ります」と答える。

日本ならば、お客さんは「2週間も休暇を取るとは何事だ」と怒るかもしれない。しかしドイツのお客さんは、「担当者は休暇中だ」と言われても怒らない。お客さん自身も自

分の会社で休暇を取るし、ドイツ社会で休暇がきわめて重要であることを理解しているからだ。

ドイツのお客さんは、自分の顔なじみの担当者がいなくて問い合わせに対応できなくても、代わってきちんと対応してくれる人がいれば、「何が何でも自分の担当者を出せ」とは要求しない。**ドイツでは仕事が人につくのではなく、企業についている**のだ。

ドイツの企業では、管理職も含めて、「余人を持って代え難い」、つまり「その人でなくては仕事がつとまらない」という状況は、ほとんどない。そのかわり、担当者が2週間会社に来なくても、**他の社員がお客さんの問い合わせにすぐに対応できるように、書類や電子ファイルをわかりやすく整理しておくことが徹底されている。**

誰もが有給休暇を取れる会社を築くための第一歩は、書類を整理して、担当者以外の人が、必要な書類をすぐに見つけられる体制をとることだ。たとえばドイツでは、課の全ての人間が電子ファイルにアクセスできる体制、紙のファイルでもすぐに必要な書類を見つけられるような体制をとるのは常識になっている。日本の会社で見られるように、担当者以外の社員には、特定の案件の進行状況がわからないようになっていては、みんなが長期休暇を取ることは難しい。

ドイツの国民性の1つに、整理整頓と分類が好きなことが挙げられる。企業のオフィスにコンピュータがなかった1970～80年代にも、厳密に規格化されたライツ社製の書類バインダー、分類用の仕切り紙や見出し用のタブなどによって、書類がアルファベット順、または年代順に整然と分類されて、誰にでもすぐに見つけられるシステムがとられていた。

私は、書類を整理するための文房具が世界で最も充実している国は、ドイツだと思う。日本にも良い文房具は多いが、ドイツがすごい点は、文房具が規格化されていることだ。日本の文房具は、ドイツほど規格化が進んでいない。つまりドイツでは、文房具メーカーが異なっても、書類バインダーやファイル、書類棚の大きさが見事に統一されているのだ。

ドイツ人は、行方不明の書類を見つけるために時間を無駄にするのが大嫌いだ。整理されていない状態、ごちゃごちゃした状態を、ドイツ語でChaos《カオス》（混乱・混沌）と呼ぶが、この言葉には、日本語以上に「劣悪」というイメージが含まれている。ドイツの大半の企業では、書類をただちに発見できる分類システムが半ば常識となっている。こうしたインフラは、長期休暇が当然のドイツ企業にとって、不可欠のものなのだ。

休暇の完全消化を「強制」する上司

さてドイツ人がまとまった休暇を取るのは、クリスマスやイースター（復活祭）だけではない。繁忙期を避け、顧客から問い合わせがあった時に同僚が対応してくれるように頼んでおけば、いつでも休暇を取ることができる。

したがってドイツ人は、**1月になるとすぐに1年間の休暇を計画し始める。**同僚がいつ頃長い休暇を計画しているかを尋ね、自分が休みを取りたい日と重なっていなければ、上司に休暇の許可を申請する。私の知人の中に30日、つまり6連続週間の休暇を一度に取って、世界一周旅行をした猛者《もさ》がいた。これは極端な例だったが、2週間から3週間の休暇を取ることは、珍しくない。管理職でも、まとめて2週間程度休むのは日常茶飯事だ。

それどころか、ドイツの管理職は社員に休暇を完全に取るよう奨励する。これは企業経営者が社員の健康を守るような労働条件を確保することを、労働法によって義務づけられているからだ（これをFürsorgepflicht《フュアゾルゲプフリヒト》つまり「保護義務」と呼ぶ）。

管理職は、部下に休暇をきちんと取らせないと、保護義務をおろそかにしているとして、上司から勤務評価を下げられてしまう。

ドイツの企業には、事業所評議会（Betriebsrat《ベトリーブスラート》）という、管理職以外の社員の利益を代表する組織がある。これは、企業別の労働組合である。部下に対し有給休暇を１００％消化させない管理職は、事業所評議会からも批判される。

事業所評議会とトラブルを持つことは、管理職の経歴にとってても好ましくない。このため特に大手企業の管理職たちは、どんなに仕事が忙しくても、部下の有給休暇を完全に消化させようとする。全ての社員が30日間休むことを上司から事実上「強制」されるとは、日本と比べて何と大きな違いだろうか。

この国では、働く時には効率よく集中的に働き、休みもしっかり取るというライフスタイルが定着している。「きちんと休んだほうが、仕事に対する意欲がわき、職場に戻ってから効率的に働くことができる」と考える人が多い。これは、ドイツ人に特有の合理的な精神の表れである。確かに仕事が忙しいからといって休まずに毎日長時間にわたって働いていると、能率が低下したり注意力が散漫になったりする。

私は１９８０年代にＮＨＫ神戸放送局で記者として働いていた時に、朝日新聞社阪神支局がテロリストによって襲撃され記者が殺傷されるという大事件が起きたために、３ヶ月にわたり週末も含めて1日も休まなかったことがある。20代だったとはいえ、やはり3ヶ月間、土日も含めて1日も休まないと、頭がぼうっとして心のリフレッシュができなくなる。連日連夜、刑事の自宅への夜討ち朝駆けばかりをしていると、新しいアイディアも浮かばなくなる。

また私には、両足の親指の爪が指に食い込んで痛むという〝持病〟があった。対症療法では治らないので、外科医による手術を受けるために、1週間入院することにした。

その頃の私は、謎の犯人グループが、食品会社の社長を誘拐したり、脅迫したりするという事件（いわゆるグリコ・森永事件）を取材していた。ところが足の手術の直前になって、犯人グループが、青酸入り菓子を関西の複数のスーパーマーケットの店頭に置いたことがわかり、大騒ぎになった。このため私は、上司の「命令」で、足の爪の手術を半年も延期しなくてはならなかった。

これらの例は、ドイツならば上司は社員の保護義務に完全に違反していることになり、考えられないことだ。ドイツでは、メディアであっても労働時間の制限と有給休暇に関する規定によって縛られている。業務が多忙になったために、手術を延期することなど考えられない。ドイツの企業では健康が何よりも優先される。

どんなに不況になっても休暇は削減しない

ドイツでは現在も、休暇日数を減らそうという動きは、政界でも経済界でも起きていない。いや、今日の職場ではIT技術の発展によるストレスがますます増える傾向にあるので、社員をうつ病などのトラブルから守る上で、30日間の有給休暇の重要性はむしろ増している。IT技術の発達によって、以前より仕事量が増え、急いで仕事を処理しなくてはならなくなったと感じている人は、少なくないだろう。

メールもインターネットもなかった1980年代には、顧客からの契約書類などは郵便かファクスで送られてきた。いまでは数十ページの書類が、一度に数十件、メールに添付されて送られてくることも珍しくない。当時のドイツの職場は、今日ほどあわただしくはなかった。

また、IT技術の発達は、コントローラーなどの管理部門が、社員がシステムに入力した情報のミスや矛盾点を発見することを容易にした。このため、社員は常にIT技術を使った監視の下に置かれており、定期的に入力ミスのリストを送られて、訂正するように求められる。これも、勤労者の神経をすり減らす一因だ。

さらに株主価値（シェアホールダー・バリュー）の極大化が至上命令となり、グローバル化が進んだ今日のドイツの大企業では、大規模なリストラは日常茶飯事である。

たとえば大手電機・電子メーカーとして知られるシーメンスは、２０１４年に大幅な機構改革を実施し、それまでドイツ国内にあったエネルギー部門の事業本部を、米国に移した。エネルギー事業本部長には米国人が就任した。ドイツでは原子力発電や火力発電の収益性が低下している上、将来はシェールガスによって、エネルギー業界での米国の重要性が増大すると考えたからである。

この結果、エネルギー部門の中間管理職たちは、上司への報告を全て英語で行わなくてはならなくなった。大西洋を隔てた場所にいる上司や同僚との意思の疎通は、国内での母国語による意思の疎通に比べて、はるかに面倒であり、誤解も生まれやすい。外国出張の頻度も増える。これは、グローバル化によるストレスだ。

戦時中、前線の兵士さえもたっぷりの休暇が

驚いたことに、第二次世界大戦中のドイツ国防軍や武装親衛隊の兵士たちも、長期休暇を取ることができた。元兵士たちの証言によると、前線で戦っていた兵士たちも、連隊指揮官などの上官が許可すれば、10日間から2週間の休暇をもらって、故郷に帰ることができた。戦闘で負傷したり、病気になったりした場合の休暇はもちろんだが、連合軍のドイツへの爆撃によって家族が死傷した場合に、故郷での休暇が許された例もある。

ドイツ軍の全ての兵士たちは、ゾルトブーフと呼ばれる軍隊手帳を持っていた。彼らは、5日間を超える休暇を取る場合には、この手帳の「休暇欄」に休む期間と休暇を過ごす場所、休暇を取る理由を記入して、上官の署名をもらわなくてはならなかった。ある部隊の前線の司令部には、休暇を取った兵士の一覧表があり、長期間休暇を取っていない兵士は、優先的に休暇を取れるようにしていた。さすがに激戦地では、兵士が1年間にわたり全く休暇を取れないこともあったようだが。

さらに、多数の敵戦車を破壊した歩兵や、多くの敵兵を射殺した狙撃兵らが、「功績に

応じた特別休暇」を与えられることもあった。

1944年の6月にはフランスのノルマンディー海岸に米英連合軍が上陸し、東部戦線ではソ連軍が夏季攻勢を開始。戦局が刻々と悪化したため、ドイツ軍の多くの部隊が休暇禁止令を出した。しかし、「1944年の12月に、ドイツで10日間の休暇を過ごした兵士がいた」という証言があるので、上官が個別に休暇を与えるケースもあったようだ。1944年の末のように、ドイツ軍が各地で劣勢に陥り、前線では1人でも多くの兵士が必要だった時期にも、10日間もの休暇が認められていたとは、驚きである。このエピソードは、休暇がドイツ人にとっていかに重要なものであるかを如実に物語っている。

戦時中の日本軍では、部隊が内地に戻って編成替えになる場合や、軍艦が補給や整備のために日本に一時帰った時に、兵士たちに3日程度の休暇を与えることはあったが、ドイツ軍のように10日間もの休暇を取らせる制度はなかったようである。

夏休みは最低2週間！のもっともな理由

ITやグローバル化によるストレスが増えた今日、ドイツ人たちは会社で不愉快なことがあっても、２週間の休暇を取って外国などに旅行し、その間会社のことを忘れることによって、心のリセットをしている。

ある人は、「最初の１週間は、まだ会社のことが頭の中に残っている。しかし２週間目になると、会社から距離を置けるようになり、気持ちがすっきりする」と語る。したがってこの人は、休暇は最低２週間は必要と考えているのだ。

私の知り合いの日本人に、ある民間テレビ局で報道番組のディレクターとして働いている人がいた。彼はアフガニスタンでの対テロ戦争について取材をしたいと思ったが、会社が出張として認めてくれないので、有給休暇を取って自費でアフガニスタンへ旅行した。そして自分で映像取材を行ってレポートを作り、ニュース番組の中で放映した。

日本人ならば、この話を聞いて「仕事熱心な人だな～」という感想を持つだろう。だが大半のドイツ人にとっては、会社が認めてくれない出張をするために有給休暇を取って自費で取材するというのは、unglaublich《ウングラウプリヒ》な（信じられない）ことなのである。

多くのドイツ人にとって、休暇とは海岸や田園地帯で家族や恋人とののんびり過ごすものであり、あくせく働くためのものではないのだ。

「1年の長期休暇」制度を導入する企業のメリット

また最近では、大手企業を中心に、社員が給料をもらわずに数ヶ月間から1年間の休暇を取る「サバティカル」制度を導入する企業も増えている。サバティカル休暇を取る社員は、外国の大学に自費で留学したり、長期旅行をしたり、アフリカやアジアなどの発展途上国でボランティア活動を行ったりする。

社員は、サバティカルで数ヶ月間から1年間にわたり会社を休んだ後も、同じ職場に帰ってくる権利を与えられている。もちろん最高1年間も職場からいなくなるわけだから、社員はサバティカルのかなり前に上司と相談しなくてはならない。だが、私は実際にサバティカルを取ったドイツ人を何人か知っている。

企業だけではなく、官庁にもこの制度がある。たとえばドイツ外務省で働いている私の知人は、1年間サバティカルを取った。彼女はオランダの田舎に引きこもって、恋人と1年間のんびりと過ごした。統計を見たことはないが、日本では、このような制度を導入している企業は聞いたことがない。

サバティカル制度は、法律によって義務づけられているわけではない。それにもかかわらず、ドイツの大手企業がサバティカルを導入し始めている理由は、優秀な人材をひきつけるためだ。

大手企業が人材を募集する際に、「サバティカル制度あり」と明記すれば、就職先を探している優秀な若者は「この企業は余裕があり、社員に良い待遇を与えようとしている」という印象を持つ。ドイツで高い技能を持った人材を獲得するのが難しくなっており、サバティカル制度は、大手企業が他社に差をつけるための重要な武器なのである。

えっ、有休中に病気になったら病休扱いにできる!?

さて、日本とドイツの間には、病休についても大きな違いがある。私が日本でびっくりしたのは、ある知人から「規定では有給休暇が2週間あるが、実際に取るのは1週間だけ。残りの1週間は、病気になった時のためにとっておく」と聞いたことだ。病休を取ろうと思えば取れるのだが、上司が良い顔をしないと言うのだ。

ドイツでは、病気になった時に有給休暇を取る人は1人もいない。この国の企業は、社員が病気やけがで働けなくなった時には、病休扱いとし、最高6週間まで給料を払い続けなくてはならない。

また、ドイツには日本人が驚くような規定がある。ドイツ人の会社員Bさんが2週間休暇を取ってスペインのカナリア諸島に家族と旅行したとしよう。Bさんは休暇中に病気にかかって1週間寝込んだ。ドイツの労働法によると、バカンスで会社を休んでいる時でも、病気にかかった期間は「有給休暇」ではなく「病欠」になる。つまり有給休暇とは、健康な時に静養して体力を回復するための休暇なので、病気を治すための病欠と区別しなくてはならないというのだ。いかにもドイツらしい厳密さだ。

会社に病欠だと認めさせるためには、Bさんは上司にファクスやメールなどでただちに自分が病気になったことを連絡するとともに、休暇先で医師の診察を受け、1週間病気だったことを示す診断書を、ドイツへの帰国後に会社の人事部に提出する必要がある。それさえしておけば、会社はBさんが休暇先で寝込んでいた1週間分を、休暇ではなく病欠扱いにするので、Bさんの休暇日数は1週間分増えることになる。

日本では考えられない、寛容な制度だ。日本ならば、休暇中に病気になって寝込んでも、そのことを上司に「あれは休暇ではなく病欠でした」と届けて、休暇日数を増やしてもらおうとする人は、まずいないだろう。そんなことをしたら、上司から「なんと非常識な奴だ」と思われるだけだ。

男性も取るのが当たり前？　充実した育児休暇制度

ドイツでは、育児休暇制度も日本よりはるかに充実している。女性社員が出産する時には、14週間の産休が与えられる。この期間の給料は100%支払われる（日本では14週間の産休と、標準報酬日額の3分の2の手当）。その後育児のために長期間にわたって休む時も、経営者は最高3年間にわたってその社員のポストを空けておかなければならない。つまり育児休暇のために欠員が生じても、企業はその女性の代わりになる人を採用してはならないのだ。

ちなみに日本の育児休暇の期間は原則として最高1年間であり、ドイツよりもはるかに短い。

最近ドイツでは育児休暇を取る男性も増えている。知り合いのドイツ人男性は、「育児休暇のために、6ヶ月間にわたり会社を休みます」と私に言った。男性サラリーマンが半年も育児のために会社を休むというのは、日本ではあまり耳にしない。日本の男性サラリーマンの育児休暇の取得率については、1・89％と低い値になっている（2012年度）。

2007年に施行された法律によって、ドイツ人の夫婦は、これまでよりも安心して育児のために会社を休めるようになった。夫婦が揃って最高3年間の育児休暇を取る場合、政府が企業にかわって手取り給料の67％を「両親援助金」として毎月支払うことになったのだ（上限は月1800ユーロ＝25万2000円）。男性の場合も、企業はその人が職場に復帰するまで、ポストを空けておくことを法律で義務づけられている。このため社員は、雇用について不安を持つことなく育児に専念できる。

「お客様」より「休暇」を優先？

ドイツの休暇制度の良い面ばかりにスポットライトを当ててきたが、日本人の目には「行き過ぎではないか？」と思われる側面もある。ここにご紹介する例は、労働者保護を重視するあまり、お客さんが大迷惑した例だ。

2013年8月中旬に、旧西ドイツのマインツ駅で、駅員不足のためにポイントの切り替えができなくなり、列車がこの駅に停まることができなくなった。列車は、この駅を通過するばかり。駅の電光掲示板には「列車は当駅には停まりません」という表示がずらりと並んだ。全ての列車が、運行ダイヤ通りにマインツ駅に停まるようになるまでに、約2週間もかかった。夏休みの行楽客でにぎわうはずの駅は、一時ゴーストタウンのような状態になった（マインツはラインラント＝プファルツ州の州都）。

その原因は、ポイント切り替え担当の駅員18人のうち、3人が休暇を取り、5人が病気で働けなかったことだった。つまりポイントの切り替えをできる駅員の数が、通常のほぼ半分に減ってしまっていたのだ。駅が事実上「閉鎖」された原因が、技術上のトラブルではなく、労務上の問題だったというのは、驚きである。ドイツの鉄道史上でも例を見ない不祥事である。さすがにドイツ鉄道は、この駅の労務を担当していた課長を解雇した。

私はこの出来事について聞いた時、「なぜ他の駅からマインツ駅に職員を派遣しないのか」と首をひねった。日本ならば、鉄道会社はすぐに他の駅から駅員を送り込むに違いない。

だがドイツの労働組合の立場から見ると、そのようなことはマインツ駅の駅員たちの権益を侵害し、他の駅の駅員に過重な労働を強いることになるので、たとえ乗客が困っていても、受け入れない。前述したようにドイツでは休暇は神聖なものであり、駅長も、休んでいる駅員を呼び出すわけにはいかない。ドイツ鉄道や労働組合は、乗客の都合よりも組合員の休暇や健康のほうが大事と考えているようである。

さらにドイツ鉄道会社が業績を改善するために、従業員の数を大幅に減らしたことも、現場での恒常的な人手不足につながっていた。

ドイツ人は、お客さんに迷惑をかけても自分の組織の規則を重視することがある。マインツ駅の不祥事は、ドイツ社会の融通の利かなさを、浮き彫りにする出来事だった。

第2章

休みが多いのにドイツ経済は絶好調!のなぜ?

ヨーロッパ経済を引っ張るドイツ

デュッセルドルフは、ドイツで最も多くの日本企業が集中している町で、約7000人の日本人が住んでいる。ミュンヘン在住の邦人数（約4000人）を大幅に上回る。私はある時、デュッセルドルフの日本料理店で、この町に住むある日本企業の駐在員と話をした。彼は、私に「なぜドイツ人はこんなに休むのに、経済がきちんと回っているのだろう？」という感想をもらした。

経済が回っているだけではない。企業に勤める勤労者が原則として全員、約30日の休暇を完全に消化しているにもかかわらず、この国は欧州で最高の経済パフォーマンスを見せている。本稿を執筆している2015年の時点で、多くの欧州諸国がユーロ危機の後遺症のために苦しんでいる中、ドイツ経済だけはきわめて好調である。この国は、青息吐息の欧州経済を引っ張る機関車役なのだ。

私は25年前からドイツで働いているが、現在ほど景気の良さを肌身に強く感じたことは一度もない。

（図表2-1）EU主要国の失業率比較（2015年2月）

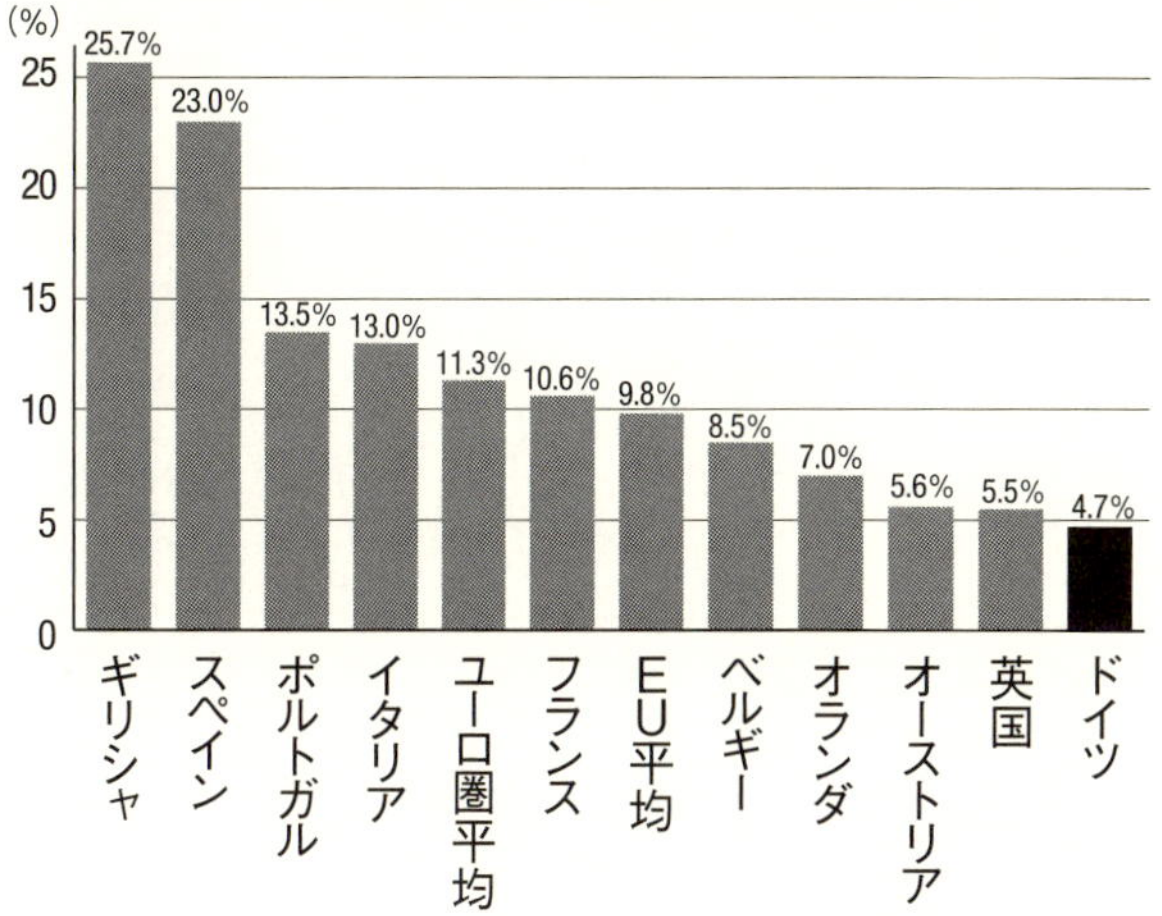

資料＝欧州連合統計局

２０１５年３月のドイツの失業率は４・７％と、欧州連合（ＥＵ）で最低。ユーロ圏に加盟する19ヶ国の平均失業率（11・３％）の半分にも満たない。自営業者も含む就業者数は、２０１４年末の時点で４２５８万人。これは、１９９０年に東西ドイツが統一されてから、最高の数字である。

特に景気が良いのは、物づくりのメッカである南部のバイエルン州とバーデン＝ヴュルテンベルク州。これらの地域では、２０１４年夏以降、失業率が４％台を割っている。

経済学の世界では、失業率が４％を割った状態は、完全雇用状態と定義されている。特にミュンヘンがあるバイエルン州南部のオーバーバイエルン地方の２０１５年４月の失業率は2・5％で、チェコのプラハと並んでEUで最も失業率が低い地域となった。

好景気のために人手不足に

ドイツの大手メーカーでは、エンジニアやITスペシャリストなど高い技能を持った人材が大幅に不足している。スキルを持つスタッフが見つからないと、受注の増加に対応できないので、企業にとっては深刻な問題だ。

ある化学メーカーで働くドイツ人のエンジニアは、「引く手あまたなので、会社をかわれば、月給を1000ユーロ（14万円）引き上げるのは簡単だ」と語っていた。一部のメーカーは、国内でスキルを持った人材が少ないので、ドイツ語を話せなくても高い技能を持っていれば、採用し始めている。

ドイツ商工会議所連合会（DIHK）のアンケートによると、2011年には「高い技能を持った社員を外国で探している」と答えた企業は、全体の12％だった。しかしその比率は、2014年には21％に増加。物づくり企業が多い南ドイツでは、その比率は27％にのぼった。

たとえばスペインやポルトガルでは、ユーロ危機後の不況の影響で、大学を卒業しても就職できない若者が増えている。彼らのうち、英語やドイツ語を話せる人の中には、ドイツへ移住して就職する人が少なくない。知人のスペイン人は、「外国語ができる友人の大半は、国外で仕事を見つけている」と語った。

2015年3月の時点で、ギリシャやスペインでは、15〜24歳の市民、つまり若年者の失業率が50%を超えていた。これに対し、ドイツの若年失業率は7・9%にすぎない。同じ欧州なのに、天と地のような違いだ。

欧州連合統計局によると、2012年からの2年間にギリシャ、スペイン、ポルトガルでは人口が55万5000人減った。これに対し、ドイツでは人口が45万人増えている。若者が職を求めて、ドイツへ流入したからだ。マドリードのドイツ語学校では受講者の数が急増し、ドイツ語教師が不足している。

求められているのは、エンジニアなど特別な技能を持った人々だけではない。ミュンヘンの町を歩くと、スーパーなど小売店でも、店員を募集する貼り紙が目立つ。ドイツでは高齢者介護施設などの労働力が約3万人不足しているため、南欧諸国から多くの介護者を受け入れている。バイエルン州のある町では、スペインのアンダルシア州の姉妹都市に経済使節団を送り、介護施設などのために80人の労働者を募集したところ、400人のスペイン人が応募してきたという。

EUは市場統合政策の一環として、移動と就業の自由を認めている。EU加盟国の市民は、域内の他の国で、労働ビザなしに働くことができるのだ。

日本と同じ物づくり大国、かつ貿易立国

ドイツ経済は、リーマンショックによる2009年の深刻な不況から急速に立ち直った。2010年以降、ドイツの経済成長率はEU平均を上回っている。2014年のドイツの実質GDP成長率は1・6%で、ユーロ圏19ヶ国の平均(0・9%)に水をあけた。

2015年2月中旬には、大手企業30社の平均株価指数であるドイツ株式指数(DAX)が、1万1000ポイントを突破し、過去最高値をつけた。

ドイツ経済の要は、自動車、機械、化学など物づくり産業だ。2014年の同国の輸出額は1兆1336億ユーロ(約159兆円)にのぼる。ドイツの2014年の貿易黒字は、2937億ドル(34兆6566億円)。経済開発協力機構(OECD)加盟国の中で最大

（図表 2-2） ドイツ、ユーロ圏、EUの実質GDP成長率の比較（%）

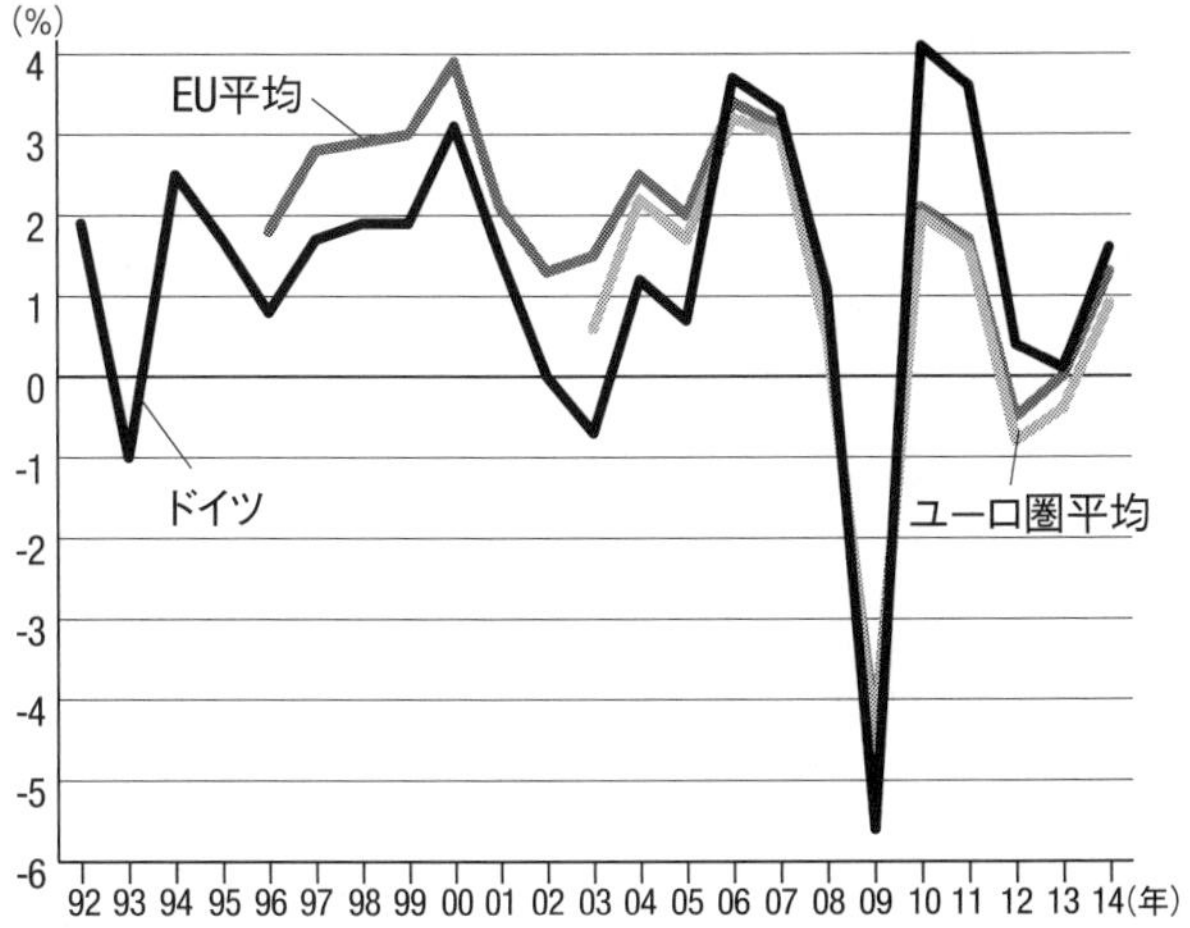

資料＝ドイツ連邦統計局、欧州連合統計局、国際通貨基金

である。フランスや英国、米国、日本が巨額の貿易赤字に苦しんでいるのとは対照的だ。

多くのドイツ企業はリーマンショックの後遺症から他国よりも早く立ち直り、収益を飛躍的に増やした。前述のＤＡＸを構成する大手企業30社は、２０１１年に６５５億ユーロ（９兆１７００億円）の利益を記録。これは前年比で２％増だが、赤字を計上した２社を除くと、利益の増加率は前年比で18％にもなる。

この年、フォルクスワーゲン社やＢＭＷ社は、創業以来最も多い収益を計上した。多くの自動車メーカーは、全ての社員に特別ボーナスを支給した。

２０１３年にドイツの社長の中で最も年収

が多かったのは、フォルクスワーゲン社のマルティン・ヴィンターコルン氏。1500万ユーロ（21億円）を稼いだ。これは、DAX市場に株を公開している大手企業30社の社長の平均年収（500万ユーロ）の3倍に相当する。銀行などの金融サービス業ではなく、メーカーの社長が年収ランキングのトップに立つというのは、物づくり大国ドイツらしい。

ドイツは貿易に大きく依存している国だが、好景気を反映して、国内消費も伸びている。ドイツ人は食事や洋服にはあまりお金をかけないが、住宅や車、旅行にはお金を使う。ドイツの大都市では、ここ数年不動産ブームが続いている。特に人気があるのが、ドイツ南部のミュンヘン。ここでは、マンションの1平方メートルあたりの購入価格が、2010年から2013年までの3年間で21・7％上昇した。

ミュンヘン市内のある夫婦が、比較的新しい分譲マンションの約90平方メートルの部屋を売る目的で、不動産売買のためのウェブサイトに広告を出した。すると30分以内に5人の希望者から電話があり、その日のうちに買い手が決まった。このマンションの価格は日本円で5000万円を超えたそうだが、それほどの金額をぽんと払って不動産を買おうという人が、今日のミュンヘンにはたくさんいるのだ。アラブやロシアの富裕層も、投資目的でミュンヘンのマンションを買っている。このため、1億円を超えるマンションも珍しくなくなってきた。

東西統一後の「欧州の病人」から大復活した理由

なぜドイツ経済は、ユーロ危機にもかかわらず調子が良いのだろうか。その最大の理由は、1998年から2005年まで首相だったゲアハルト・シュレーダーが、「アゲンダ2010」という経済改革プログラムを断行したことだ。

彼は、社会民主党（SPD）と緑の党による連立政権を率いた。SPDは労働組合を支持基盤とする、左派リベラル政党。しかしシュレーダーはSPD幹部でありながら、経済界とも太いパイプを持つ異色の政治家だった。

シュレーダーが首相の座に就いた1998年、この国の失業者数は約430万人に達していた。当時のドイツのGDP成長率は1・9％で、EU平均（2・9％）よりも低かった。彼の前任者ヘルムート・コールは、東西ドイツ統一という歴史的な偉業を達成したが、経済を改革して競争力を高めることには失敗した。

シュレーダーは首相就任当時「私の首相としての業績は、失業者の数を本格的に減らせるかどうかで判断してほしい」と宣言。就業者を増やすことを、最大の政治目標とした。

当時ドイツの失業者が減らなかった最大の原因は、高い人件費だった。高福祉国家ドイツでは、会社の社員は年金保険、健康保険、失業保険、介護保険、労災保険に加入しなくてはならないが、保険料は社員と企業がほぼ半分ずつ負担する。

社会保険料負担が、ドイツ企業の労働コストを他国に比べて高くしていた。このため、労働集約型の産業は、生産施設を人件費がドイツよりも安い東欧やアジアへ移したのである。当時ドイツ企業がハンガリーやスロバキアに工場を開けば、旧西ドイツの約7分の1の労働コストで生産することができた。携帯電話や冷蔵庫、洗濯機、繊維製品を作る工場は、ドイツから次々に姿を消していった。

ドイツ統一は一時的に建設ブームをもたらしたものの、成長率を恒常的に押し上げる効果はなく、むしろ旧東ドイツの大量の失業者や繰り上げ退職者が社会保険の収支を悪化させた。

旧東ドイツは、労働生産性が低かったにもかかわらず、賃金水準が社会主義時代に比べて大幅に引き上げられたため、競争力が低下。このため西側企業は旧東ドイツに投資せず、人件費がはるかに安い東欧やアジアに工場を建設した。いまでも旧東ドイツに本社を持つ企業は、少ない。このため、旧東ドイツは経済的に自立することができず、いまなお「連帯税」という全ての国民が払う税金によって、支えられている。

1990年代、ドイツ企業の競争力は弱まり、雇用を拡大することができなかった。高失業率と低成長率のために、ドイツは周辺の国々から「欧州の病人」という不名誉なあだ名をつけられていた。

シュレーダーは、「社会保険料負担や税金を減らし、収益を増やさなければ、企業は雇用を増やさない」として、企業の競争力と収益性を強化するための改革を断行した。そして2003年3月14日に連邦議会における演説の中で、改革プログラムを発表した。シュレーダーによる改革の主要な柱は、次の7つである。

①雇用市場と失業保険制度の改革
②低賃金部門の拡大
③公的年金保険制度の改革（支給開始年齢を65歳から67歳に引き上げることにより、実質的な年金支給額を削減）
④公的健康保険制度の改革（市民の自己負担額の導入など）

⑤賃金協定の柔軟化（産業別組合における賃金協約の枠外の柔軟な賃金協定締結の促進）
⑥派遣労働に関する規制緩和（派遣労働期間の制限廃止など）
⑦所得税・法人税の減税およびキャピタルゲイン課税の廃止

“いま”より“未来”を見すえた改革

この中で彼が最も力を入れたのが、失業保険制度の改革である。当時のドイツでは失業保険制度が手厚かったために、ホテルやレストランなど低賃金の職種で働くよりも、失業保険金を受け取るほうが手取りの収入が多かった。これでは、長期失業者が仕事に就こうとしないのも無理はない。

このためシュレーダーは、長期失業者への給付金を生活保護と同じ額に引き下げるとともに、支給基準も大幅に厳しくした。高級車や高価な絵画、有価証券などを持っていたり、広いマンションに住んでいたりする失業者は、援助金がもらえなくなった。国が斡旋《あっせん》する仕事を正当な理由なく断る失業者に対しては、給付金額を減らすという制裁措置も導入した。

（図表2-3）ドイツの平均失業者数の推移

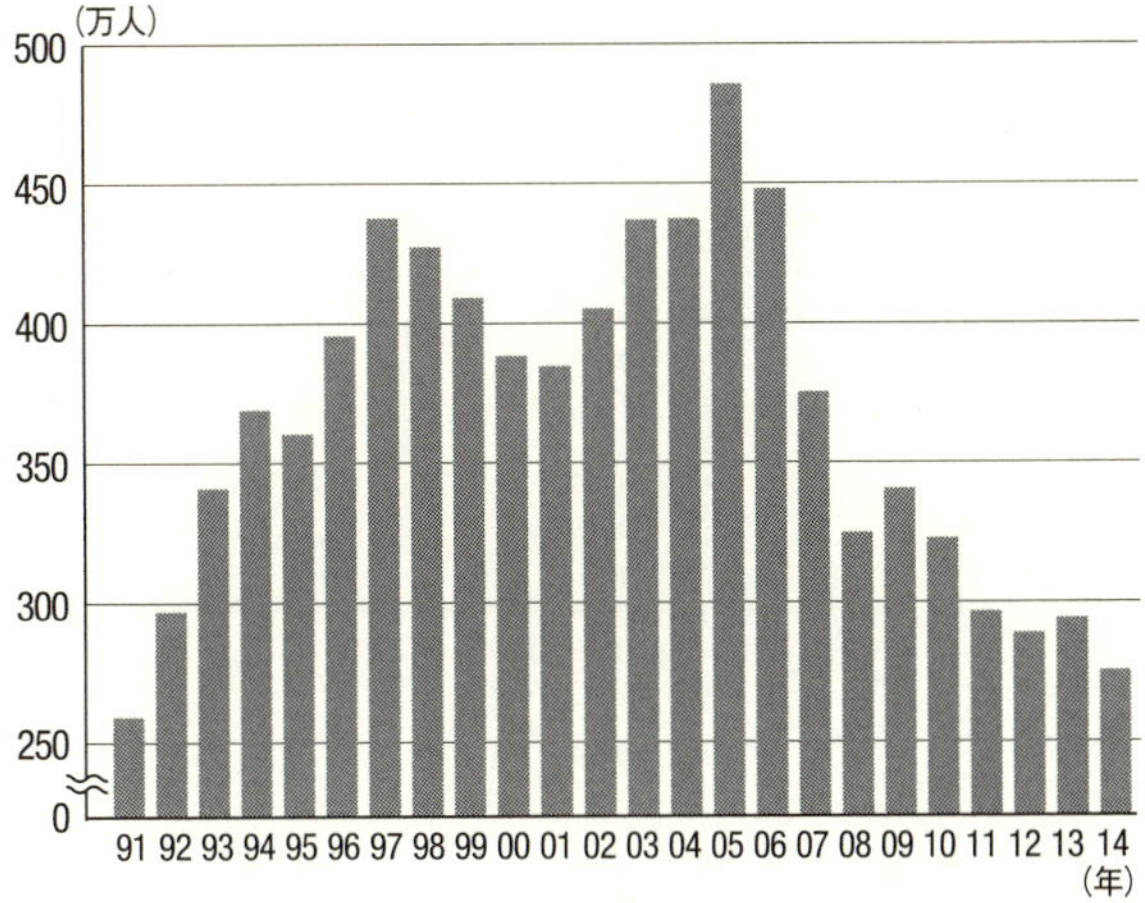

資料＝ドイツ連邦統計局

同時に彼は、低賃金労働を制度化した。シュレーダー政権は、毎月の税引き前の所得が400ユーロ（5万6000円）未満の仕事を「ミニ・ジョブ」と定義（2012年以降は450ユーロ）。企業に対し、ミニ・ジョブについては、所得税と社会保険料の支払いを免除した。つまり、企業はミニ・ジョブ制度の下では、より多くの人を少ない労働コストで雇用することができるのだ。

またシュレーダーが首相に就任した当時、人材派遣会社からの派遣期間は最長2年に限られていたが、シュレーダー政権は企業の要望を受け入れて、派遣期間の制限を撤廃した。これ以降、人材派遣会社に雇用される市民の数が急増した。

これらの改革の結果、失業者の数は、２００５年から２０１４年までに約２１４万人も減った。約44％もの減少である。自営業者も含む就業者の数は、この期間に約３７９万人も増えた。今日のドイツの就業者数は、１９９０年の東西ドイツ統一以来、最高水準にある。フランスやイタリアなどで、ユーロ危機後の不況のために失業者が増えたのとは対照的に、ドイツでは失業者数が減ったのである。この現象は、欧州で「ジョブ・ヴンダー（雇用の奇跡）」と呼ばれている。

ただし、シュレーダー改革は、ドイツの失業率を下げた一方で、低賃金部門を拡大し、市民の間の所得格差を大きくした。このためシュレーダー在任中は、彼の改革プログラムに対する批判の声も高かった。これについては、第5章でお伝えする。

経済学者や企業経営者は、「ついに労働コストの本格的な削減が始まった」として、シュレーダー改革を絶賛した。

元々シュレーダーが行った改革は、保守政党・キリスト教民主同盟（ＣＤＵ）や自由民主党（ＦＤＰ）が提案してきた政策だった。しかし、野党ＳＰＤなどの反対によって法案は常に葬られてきた。ＳＰＤや緑の党が大きな影響力を持つ州政府の支持も得られなかった。

しかし、異例の事態が起きた。ＳＰＤの首相シュレーダーは、「社会保障制度の過剰なサービスを是正しなければ、制度全体が将来立ち行かなくなる」と主張して、ＳＰＤの党員を説得したのだ。

労働組合や州政府は、社会保障の削減には懐疑的だったが、ＳＰＤ執行部と全面的に対決する勇気は持たなかった。このため、シュレーダーが打ち出した改革法案の大半は、すんなりと連邦議会と連邦参議院を通過した。通常は社会保障削減に反対するはずのＳＰＤの首相が、保守勢力と同じ立場をとり、削減を断行したことが、「アゲンダ２０１０」を可能にしたのだ。

１９９０年からドイツで定点観測を続けている私にとっては、これほど市民に痛みを強いる改革が議会を通過して法制化されたことそのものが、きわめて珍しい「大事件」だった。

現在アンゲラ・メルケル首相に対する人気は、非常に高い。その最大の理由は、経済状態が良いことだ。しかし現在のドイツの好景気の最大の功労者は、メルケルではなく、痛みを伴う改革を断行したシュレーダーである。

彼がこの改革プログラムを「アゲンダ２０１０」と名づけたのは、２０１０年頃にならないと改革の効果が表れないと知っていたからだ。実際、シュレーダーは社会保障のいきすぎた部分の切り詰めなどを実行したため、有権者の不評を買って、2005年には首相の座から追い落とされてしまった。いまでは議員も辞職して、一ビジネスマンとして働いている。

メルケルは、自分で改革を断行したわけではなく、シュレーダーが導入した改革路線を継承しただけである。彼女は、シュレーダーが蒔《ま》いた種から育った果実を収穫するという、幸運な立場にめぐり合わせたのだ。シュレーダーとは異なり、市民から卵を投げつけられて、首相の座から追われることもなかった。

メルケルは、2005年に首相に就任した時に、議会で行った演説の中で、シュレーダーに対し「勇気を持って改革を実行したことに感謝する」と述べた。保守政党に属する首相が、リベラル政党に属する前任者に感謝の言葉を送ったのは、異例中の異例である。

それでも、休暇日数は減らさない

イソップ童話の「アリとキリギリス」にたとえれば、ドイツ人はアリでギリシャ人はキリギリスだった。ドイツ人の臥薪嘗胆《がしんしょうたん》は、いまこの国の経済を開花させ、ギリシャ人やフランス人、イタリア人たちは辛酸をなめることになっている。

ドイツ以外のユーロ圏諸国は、財政赤字や国の債務を減らし、労働コストを減らすための努力を、ドイツよりも10年以上遅れて始めた。ドイツがいまユーロ圏で独り勝ちである理由は、他の国に先駆けて、労働コストの伸び率を抑える努力を始めたからである。その意味で、シュレーダーには先見の明があったと言うべきだろう。

だが興味深いことに、ドイツがリーマンショックの余波で2009年に戦後最悪の不況に襲われた時にも、休暇日数を減らそうという議論は全く起こらなかった。過去25年間で、政治家が「法律を改正して最低休暇日数を減らし、国内総生産を増やそう」と提案したことは、聞いたこともない。

ただし1982年から98年まで首相だったヘルムート・コールは、ドイツ人がもっと勤勉になることを願っていたことも事実。彼はある時、ドイツの休暇日数が他国に比べて長いことを皮肉って、「ドイツは多数の人々が自由時間を過ごす遊び場になってしまった」と慨嘆した。コールは第二次世界大戦前に生まれ、戦後の経済復興期を経験した「働き蜂」だった。しかし、彼の意見は「休暇日数削減」の国民的議論にはつながらなかった。

唯一の例外は、1995年に介護保険が強制保険として導入された時に、その財源を確保するために11月中旬の「贖罪祈祷日《しょくざいきとうび》」という祝日が廃止されたことくらいだ。強制保険を導入すると、市民や企業が保険料を負担しなくてはならなくなるので、国富が減る。だが祝日を廃止すれば、その分GDPが増える。ドイツ政府は、このGDP増大分によって、強制保険による国富の減少分を補填《ほてん》しようとしたのだ。ただしザクセン州だけはこの日をいまも祝日にしている。また、これは祝日が減らされた例であり、有給休暇が減らされたわけではない。

シュレーダー改革が実行された時代にも、「法定休暇日数を減らして、GDPを引き上げよう」という要求は、経済界からも政界からも全く出なかった。何度も言うように、この国では休暇は神聖なものであり、手を触れてはならないものなのだ。休暇日数の削減を提案する政治家は、国民の強い反感を買い、選挙で落選する可能性が強い。

つまりドイツ人たちの競争力の改善や構造改革に関する議論は、「1年のうち、休暇日数を差し引いた日数の中で、いかにして効率良く働き、GDPを高めるか」という前提のもとに行われているのだ。

休暇は減らさないで、競争力を高める方法について議論が行われている点に、ドイツ社会の余裕を感じる。

第3章

日本の1・5倍！ドイツの高い労働生産性の秘密

同じ物づくりの国なのに、なぜ生産性に差が出るのか

ドイツで働いている日本企業の駐在員の皆さんから、この国の政治・経済についての講演を頼まれることがある。私がお話しするテーマはエネルギー転換、環境問題、シュレーダー改革、ユーロ危機、ナチス時代の過去との対決、移民問題、ウクライナ危機など様々だ。ほとんどの場合、講演の依頼を受けると、私がいくつかのテーマを提案し、主催者がその中から関心のある話題を選ぶ。

ところがある有名企業は、2013年に「なぜドイツの生産性は高いのか?」というテーマに的を絞って、講演を依頼してきた。企業側が「このテーマで」と演題を指定してくるのは、大変珍しい。

さすがに日本を代表する優良企業らしく、日独経済の違いについて日々分析し、学ぶべき点は学ぼうと考えているのだな、と感じた。最近の日本では内向き傾向が強く、一部の国民は「もう欧米から学ぶべきことは、何もない」と考えているようだ。しかし外国の最前線で働き、異文化と毎日接している日本のビジネスマンたちは、違う。彼らは「ドイツ

の生産性は日本よりも高いが、その原因は何なのか」というテーマについて、しばしば議論を戦わせているというのだ。

日本人は、人一倍仕事熱心で、がんばる民族だ。そのビジネスマンたちが、ドイツの生産性が日本よりも高いと考えている——。これは、私にとって興味深い事実だった。

労働生産性を測る目安として最も頻繁に使われるのが「国民1人が1時間働くことによって、どれくらいの付加価値が生み出されるか」である。それは国民1人が1年間に生み出した付加価値を、国民1人あたりの年間労働時間で割って算出される。

同じ付加価値を生むためには、労働にかける時間が長いよりも、短いに越したことはない。短い時間で付加価値を生むことができれば、余った時間を余暇など他の目的に回すことができるからだ。逆に長い時間働いても、付加価値が生まれなければ、企業や国家にとってはプラスにならない。つまり、労働生産性が高い国ほど、効率的に仕事をしていることになる。その意味で労働生産性は、ある国の経済パフォーマンスを判断する上で最も重要な指標の一つだ。さらに、勤労者の時間の使い方を考える上でも、重要な物差しである。

私はいくつかの経済研究所の報告書を調べてみた。これらの報告書では、残念ながらドイツの生産性が日本を上回っていると結論づけている。

生産性の低下が、日本の長期不況を招いた？

　たとえばＯＥＣＤのデータベースによると、２０１３年のドイツの労働生産性は１時間あたり61・4ドルで、日本（40・9ドル）を約50％上回っている。ドイツは主要先進国７ヶ国（Ｇ７）の平均労働生産性（56・9ドル）を約８％上回っているが、日本の生産性はＧ７の平均よりも約28％低い。ドイツの労働生産性は調査の対象になった35ヶ国内で９位だが、日本は21位とかなり低い。日本人としては、残念な数字である。

　日本がいまも世界で有数の経済大国であることを考えると、この数字を見て意外に思う読者も多いかもしれない。特に日本の労働生産性がイタリアやスペインよりも低いというのは、にわかに信じがたい。日本の順位の低さには、ＯＥＣＤの労働生産性がドルで計算されていることも関係しているだろう。日本政府が輸出産業を応援するために、アベノミクスによって意図的に円のドルに対する為替レートを低くしていることも影響しているようだ。ちなみに、このデータに中国が含まれていないのは、同国がＯＥＣＤに加盟していないからである。

(図表 3-1) 2013年の各国の労働生産性比較

労働時間1時間ごとに生み出された、国民1人あたりのGDP

(単位:USドル)

1	ルクセンブルク	93.6	19	アイスランド	45.5
2	ノルウェー	85.4	20	スロベニア	41.5
3	米国	66	21	**日本**	**40.9**
4	ベルギー	64.9	22	ニュージーランド	38.6
5	オランダ	62.7	23	スロバキア	36.9
6	デンマーク	62.3	24	イスラエル	36.7
7	フランス	61.5	25	ギリシャ	35.4
8	アイルランド	61.5	26	ポルトガル	34.7
9	**ドイツ**	**61.4**	27	チェコ	34
10	スイス	60.1	28	韓国	31.9
11	スウェーデン	57.1	29	トルコ	31.2
12	オーストリア	55.1	30	エストニア	30.4
13	オーストラリア	53	31	ハンガリー	30
14	フィンランド	52.6	32	ポーランド	29
15	スペイン	50.6	33	チリ	26.7
16	イタリア	50	34	ロシア	25.6
17	英国	48.9	35	メキシコ	19
18	カナダ	48.8			

G7平均=56.9ドル　OECD平均=48ドル　EU平均=47.3ドル

為替レートは、購買力平価(PPP)を使用。

※購買力平価(PPP)とは、A国である価格で買える商品が、B国ではいくらで買えるかを示す交換レート。

購買力平価=基準時点の為替レート×A国の物価指数/B国の物価指数

資料=OECD

だがドイツの労働生産性が、日本の労働生産性を上回ると指摘しているのは、OECDだけではない。ドイツ国内の研究機関も、同じ結論に達している。さらには日本政府も、我が国の労働生産性がドイツよりも低いことを認めている。

経済産業省は2013年度版の「通商白書」の中で、2009年の日本の労働生産性（29・4ドル）がドイツ（44・2ドル）よりも約34％低かったことを指摘、「1990年代以降の我が国の長期経済停滞の背景には、労働生産性などにおける大きな低下があった」と分析している。労働生産性の低さは、日本の「失われた10年」の象徴でもあったのだ。

日本生産性本部の統計を見ても、2012年の時点で日本の1時間あたりの生産性は、ドイツよりも約31％低くなっている。

日独の1人あたりのGDPの格差

なぜドイツの労働生産性は、日本よりも高いのだろうか。この問いに答えるために、まず両国のGDPを比べてみよう（図表3－2）。これを見ると、日本のGDPの総額は調査の対象となった34ヶ国のうち第2位で、ドイツを約30％上回っている。だが、ここには

（図表 3-2） 2013年の各国のGDP　　（単位：100万USドル）

1	米国	16,768,050	18	チリ	386,614
2	**日本**	**4,612,630**	19	オーストリア	382,263
3	**ドイツ**	**3,539,322**	20	ノルウェー	327,192
4	フランス	2,474,880	21	チェコ	305,101
5	英国	2,452,413	22	ポルトガル	290,757
6	イタリア	2,125,098	23	ギリシャ	283,041
7	メキシコ	1,995,677	24	イスラエル	261,858
8	韓国	1,660,385	25	デンマーク	245,834
9	スペイン	1,542,768	26	ハンガリー	230,867
10	カナダ	1,512,972	27	フィンランド	216,848
11	トルコ	1,407,449	28	アイルランド	210,037
12	オーストラリア	1,040,377	29	ニュージーランド	154,281
13	ポーランド	912,404	30	スロバキア	143,437
14	オランダ	775,728	31	スロベニア	59,448
15	ベルギー	464,923	32	ルクセンブルク	49,472
16	スイス	460,605	33	エストニア	34,035
17	スウェーデン	428,622	34	アイスランド	13,553

為替レートは、購買力平価（PPP）を使用。

資料＝OECD

（図表 3-3） 2013年の国民１人あたりのGDP（単位：USドル）

1	ルクセンブルク	90,724	18	**日本**	**36,069**
2	ノルウェー	64,408	19	イタリア	35,041
3	スイス	57,443	20	ニュージーランド	34,424
4	米国	52,986	21	スペイン	33,112
5	オランダ	46,174	22	韓国	33,062
6	アイルランド	45,642	23	イスラエル	32,505
7	オーストリア	45,093	24	チェコ	29,028
8	スウェーデン	44,646	25	スロベニア	28,864
9	オーストラリア	43,932	26	ポルトガル	27,804
10	デンマーク	43,797	27	スロバキア	26,499
11	**ドイツ**	**43,108**	28	エストニア	25,780
12	カナダ	42,748	29	ギリシャ	25,586
13	ベルギー	41,866	30	ポーランド	23,698
14	アイスランド	41,860	31	ハンガリー	23,336
15	フィンランド	39,740	32	チリ	22,021
16	英国	38,260	33	トルコ	18,574
17	フランス	37,556	34	メキシコ	16,856

為替レートは、購買力平価（PPP）を使用。

資料＝OECD

人口や労働時間の違いが反映されていないので、労働生産性を比べるには適していない。国の豊かさや、労働効率を比較するという目的のためにより重要なのは、GDPの総額よりも、国民1人あたりのGDPである。

そこで国民1人あたりのGDPを比べると、順位は大幅に変わる（図表3－3）。ドイツは34ヶ国中第11位で、日本（第18位）に水をあけている。ドイツでは国民1人あたりが1年間に4万3108ドルの価値を毎年生み出しているが、日本では3万6069ドルで、約16％少ない。

OECDがこの統計で使った日本の人口は、約1億2788万人。ドイツの人口は約8210万人。日本の人口はドイツよりも約56％多い。つまり日本のGDPの総額は、ドイツよりも約30％多いが、人口は約56％多い。OECDの統計の中で日本の国民1人あたりのGDPがドイツに劣る理由の1つは、人口の差がGDPの差よりも大きいことにある。

サービス残業、持ち帰り仕事なしで、労働時間が20％も短い

次に日本とドイツの労働時間を比べてみよう。

（図表3-4）2012年の就業者1人あたりの労働時間（単位：時間）

1	メキシコ	2,226
2	韓国	2,163
3	ギリシャ	2,034
4	チリ	2,024
5	ロシア	1,982
6	ポーランド	1,929
7	イスラエル	1,910
8	エストニア	1,889
9	ハンガリー	1,888
10	トルコ	1,855
11	アイルランド	1,806
12	チェコ	1,802
13	スロバキア	1,789
14	米国	1,789
15	イタリア	1,752
16	**日本**	**1,745**
17	ニュージーランド	1,737
18	カナダ	1,711
19	アイスランド	1,706
20	オーストリア	1,699
21	ポルトガル	1,691
22	オーストラリア	1,686
23	フィンランド	1,679
24	スペイン	1,666
25	英国	1,654
26	スウェーデン	1,618
27	ルクセンブルク	1,609
28	スイス	1,602
29	ベルギー	1,572
30	スロベニア	1,537
31	フランス	1,489
32	デンマーク	1,431
33	ノルウェー	1,420
34	**ドイツ**	**1,393**
35	オランダ	1,383

資料＝OECD

2012年の日本では、就業者1人あたりの1年間の平均労働時間は1745時間だった。これに対しドイツは1393時間で、約20％も短い。ドイツ人が毎年働く時間は、日本人よりも352時間も短いというのだ。352時間といえば、44日に相当する（8時間労働として）。

これに加えて、日本ではサービス残業が多いことも忘れてはならない。ノー残業デーや休日に、家に仕事を持ち帰っている人も多い。これはドイツではまずあり得ないことだ。

サービス残業や、家への持ち帰り仕事はOECDの統計では把握されていない。そのため、日本の実際の労働時間は、OECDが出した数字よりもさらに長くなると思われる。

法律で厳しく守られている「1日8時間労働」

なぜドイツの労働時間は短いのだろうか。その最大の理由は、政府が法律によって労働時間を厳しく規制し、違反がないかどうかについて監視していることだ。

企業で働く社員の労働時間は、1994年に施行された「労働時間法（ArbZG）」によって規制されている。この法律によると、平日つまり月曜日から土曜日の1日あたりの労働時間は、8時間を超えてはならない。1日あたりの最長労働時間は、10時間まで延長することができるが、その場合にも6ヶ月間の1日あたりの平均労働時間は、8時間を超えてはならない（ただし経営者と社員が特別の雇用協定を結ぶことは許されているほか、緊急事態の例外は認められている）。

つまりドイツの企業では、1日あたり10時間を超える労働は、原則として禁止されているのだ。

さらに、1日の労働と次の日の労働の間には、最低11時間の間隔を置かなくてはならない。かりに夜の23時まで働いたとしたら、翌日は10時まで仕事を始めてはいけないということだ（現実には、ドイツの会社で23時まで働く人は、報道機関などを除けばほとんどいないが）。

部下を長時間労働させた課長に100万円の罰金も？

読者の皆さんは「日本でも労働基準法の第32条によって、1週間の労働時間の上限は40時間、1日8時間と決まっている」と考えるかもしれない。

だが日独の労働時間規制の間には、大きな違いがある。それは、ドイツでは労働安全局（日本の労働基準監督署に相当する）が立ち入り検査を行って、企業が労働時間法に違反していないかどうか厳しくチェックを行っているということだ。労働安全局の係官はときおり事前の予告なしに企業を訪れて、労働時間の記録を点検する。

労働安全局が検査をした結果、ある企業が社員を組織的に毎日10時間を超えて働かせていたり、週末に働かせたりしていたことが発覚すると、経営者は最高1万5000ユーロ（210万円）の罰金を科される。悪質なケースになると、経営者が最高1年間の禁固刑を科されることもある。

たとえば２００９年4月には、テューリンゲン州の労働安全局が、ある病院の医長に対し、他の医師らに超過労働をさせていたという理由で、６８３８ユーロの罰金の支払いを命じたことがある。

企業が長時間労働をさせないもう1つの理由は、企業に対するイメージだ。メディアが「組織的に長時間労働を行わせて、労働時間法に違反していた」という事実を報じると、企業のイメージに深い傷がつく。現在ドイツでは優秀な人材が不足しているので、そのような報道が行われると、「あそこは長時間労働をさせる企業だ」と思われて、優秀な人材に敬遠されることになる。これは企業にとって、大きなマイナスである。

このためドイツの雇用者、特に大企業の管理職は、1日の労働時間が10時間を超えないように、口を酸っぱくして注意する。労働時間が10時間に近づくと、社員のコンピュータの画面に「まもなくあなたの労働時間が10時間を超えます。10時間を超える労働は、法律違反です。ただちに帰宅してください」という警告が表れる企業もある。

企業によっては、万一労働安全局から労働時間法違反のために罰金を科された場合、10時間を超える労働を行わせていた課の課長に罰金を払わせる会社もある。課長は１００万円を超える罰金をポケットマネーから払わされてはたまらないので、社員に帰宅を促すわけだ。

また、1日の労働時間が10時間を超えなくても、数ヶ月を経て累積した残業時間が100時間を超えると、課長が社員に「君は働き過ぎだ。残業を減らしなさい」と注意する企業もある。そうした場合、社員は毎日午後3時頃に帰宅できることになる。

ドイツでは、残業が必要になるということは、業務量に比べて社員の数が足りないことを意味する。したがって経営者は、繁忙期などに残業をさせる場合には、原則として事業所委員会(企業ごとの労働組合)の同意を得ることが必要だ。つまりドイツの企業経営者は、社員にやたらと残業をさせてはならない仕組みになっているのだ。

私がNHKで働いていた1980年代には、「上司がオフィスに残っているのに部下が先に退社するのは、なんとなく気が引ける」という雰囲気があった(最近の日本ではそうでもないと思うが)。ドイツでは、高い給料をもらっている上司が長く働くのは当然という空気があるので、上司が遅くまで残っていても平社員が先に帰宅することには、何の問題もない。

さらにドイツの企業では、日本の企業よりもチーム精神が希薄なので、同僚が残業していても、自分の仕事が終わったらさっさと帰るのは常識だ。「おれが仕事をしているのに、先に帰りやがって」というねたみの感情はない。自分が与えられた仕事だけをやっていればいいのだ。

この背景には、ドイツの企業では、**自分の仕事や責任の範囲が明確に決まっている**という事情もある。日本の企業のように、仕事の範囲があいまいということがない。

超過労働時間分は「労働時間の口座」にためて有効活用

また、残業時間が多い課の課長は、取締役や組合からにらまれる。管理職は、自分の勤務評定が悪くなると、昇進に影響するので、なるべく社員に残業をさせないようにする。組合側が「残業はやむを得ない」と認めた場合、会社側は残業代を1分ごとに支払うので、残業代はかなり高額になる。これも、企業が社員に残業をさせたがらない原因の一つである。

ちなみに、ドイツではフレックスタイム制度をとっている企業が多い。1990年代の初めまでは、午前9時から午後3時まではオフィスにいることを義務づける会社が残っていた。9時を過ぎて出社、つまり遅刻した社員は、受付の職員に氏名と部課名を伝えなくてはならなかった。受付の職員は、その社員の上司に遅刻の事実を報告する。まるで、小学校のようだ。だが最近では、こうした制度をとっている企業は非常に少ない。

フレックスタイム制度を採用している企業では、オフィスにいなくてはならない時間帯はない。また、そういった企業では、管理職を除く全ての社員が労働時間の〝口座〟を持っている。社員の実際の労働時間が、業種ごとに定められている所定の労働時間を上回っていれば、労働時間の口座はプラスになる。

現在ドイツの労働時間は、1週間あたり37・5～40時間。たとえば、所定の労働時間が37・5時間である企業で、45時間働けば、労働時間の口座の数字は、プラス7・5時間になる。

この数字は、すなわち超過勤務時間である。労働時間の口座がプラスである限り、社員は働く時間を自由に決めることができる。超過勤務時間が多く残っている人は、午前10時に出社して午後2時に帰っても、全く問題ない。フレックスタイムの導入によって、社員の自由は、大幅に拡大したのだ。

IT技術が発達した今日では、在宅勤務制度を利用する社員も増えている。特に金融サービス業のように、オンライン化が進んだ業種では、自宅のPCから会社のサーバーにログインして、メールに回答したり、データの入力を行ったりする人が増えている。

仕事の内容によっては、オフィスにいなくても、仕事をすることは可能なのだ。営業や商品開発を担当する部署では在宅勤務は難しいが、帳票管理や経理など打ち合わせが少なく、主にPCで仕事ができる部署ならば、在宅勤務は十分可能だ。

特に幼い子どもがいる家庭では、女性に限らず男性も週に1～2回は自宅で働く人が少なくない。冬季に会社でインフルエンザが流行っている時にも、自宅で働いたほうが、ウイルスに感染する危険も少ない。課長がつかつかと寄ってきて、あれこれ質問されて仕事を中断させられることもない。自宅には勤務開始時間などを記録する機械はないので、家で働いた時間を自己申告する。在宅勤務をしている人も、部会や他の部との打ち合わせなどがある日には、会社に出てくる。

ただし、課の全員が在宅勤務をすると、顧客対応などに支障をきたす場合もあり得る。このため、在宅勤務を希望する社員は、早めに課長と話し合う必要がある。

残業代を通常支払わずに、残業時間を「生涯労働時間口座」に蓄積させる会社も増えている。口座にたまった残業時間は、社員が会社を退職する時に、現金として支払われる。口座に蓄積する残業時間については所得税がかからないので、社員は退職して残業代をまとめて受け取る時まで、税金の支払いを一時的に免除されるという利点もある。

社員は口座にためた残業時間を利用して、定年退職の時期を早めたり、サバティカルを取ったりすることもできる。

残業が多い社員は仕事熱心？　それとも無能？

ドイツで残業という言葉につきまとうイメージは、日本よりもはるかに悪い。残業時間が多い社員は、無能と見なされることもある。つまり仕事の能率が悪く、無駄やミスが多いので、労働時間が長くなると考えられるのだ。

ドイツの企業で優秀と見なされるのは、残業をせずに短い労働時間で成果を生み出す社員だ。かつての日本では、夜遅くまで残業をしている社員については、上司が「熱心でやる気のある社員だ」と前向きに評価することもあった。しかしドイツには、そのような上司は滅多にいない。残業時間が多いことを会社への忠誠心の証と考える人は、ほぼゼロだ。

読者の皆さんの中には、将来ドイツに移住して、この国の企業で働こうと考えている人は少ないとは思う。だが万一そのような人がいた場合には、極力残業をしないようにすることをお勧めする。同じ成果を上げている2人の社員のうち、上司の評価が高いのは、間違いなく労働時間が少ない社員のほうだ。残業が多く、成果も少ない社員は、確実に「無能」の烙印を押される。

ドイツ企業の管理職は、社員の健康や安全を守る義務を負っている。これをドイツでは保護義務と呼ぶが、上司は社員が長時間労働によって健康を害さないように注意しなくてはならない。これも、上司が口を酸っぱくして残業時間を減らすように要求する理由の1つだ。保護義務をおろそかにする上司は、昇進に悪影響が出る。

さらに最近ドイツの企業では、社員に定期的に上司の査定を行わせる会社が増えている。上司について批判的なコメントを書いた社員が、後で上司に報復されないように、査定は匿名で行われ、企業から独立したコンサルタント会社などが結果を集計して、人事部に報告する。

したがって、部下に長時間労働を強いるなどして、保護義務をおろそかにしている管理職は、人事部によってその事実を知られる。つまり、部下による査定の結果が悪くなるので、昇進が難しくなる。社員の草の根的な意見が、上司の昇進を左右できるのだ。ある意味では、民主的なシステムである。日本にも、社員に上司のパフォーマンスを採点させている会社はあるのだろうか？

法律や規則を重視するドイツ人ならではの理由

私は、ドイツ人の労働時間が短い最大の理由は、法律による規制だと考えている。ドイツ人は、日本よりも法律や規則を守ることを重視する民族だ。彼らは日本人よりも自己主張が強いが、法律と規則の前には、おとなしくなる。

ドイツでは多くの法律や規則があるだけではなく、政府が厳しく法律違反があるかどうかをチェックし、市民や企業も法律に違反しないように細心の注意を払う。つまり法治主義がお題目ではなく、厳然《げんぜん》と実行されているのだ。

私はこの国に25年間住んできたが、「この人たちは人間の感情よりも、法律や規則を重視する人だ」と感じたことが何度もあった。イタリア人、フランス人、ギリシャ人に比べても、ドイツ人が法律や規則を重視する傾向は強い。良く言えば生真面目であり、悪く言えば融通が利かないのだ。

日本では「清濁併《あわ》せ呑《の》む」という言葉には、「物事を杓子定規《しゃくしじょうぎ》でとらえない、懐の広い人」という前向きな意味があるが、ドイツにはこのような形容詞はない。日本には「水清ければ魚棲《す》まず」という諺もある。これは孔子の教えから来た諺《ことわざ》だが、「清廉すぎる人は、人に親しまれず孤立してしまう」という意味で、法律や規則にしがみつく人は嫌われるという意味合いがある。このような諺も、ドイツにはない。

むしろドイツ人は、白黒や善悪をはっきりさせることを好む。ある意味では竹を割ったような性格の人が多い。ドイツ語に「Zwielicht《ツヴィーリヒト》」という言葉がある。これは光の状態を指す言葉で、夜明け前の薄明のような、明るいのか暗いのかはっきりしない様子のことだ。

ドイツでは「ある人がZwielichtの中にいる」というと、疑惑をかけられている状態を意味し、ネガティブな意味が強い。つまりこの国では「清濁併せ呑む」人は悪い人であり、魚が棲まなくなっても水は清くなくてはならないのだ。

また、グループの調和を重んじる日本に比べると、ドイツははるかに個人主義が強い社会である。「Jeder《イェーダ》 für《フュア》 sich《ズィヒ》, Gott《ゴット》 für《フュア》 alle《アレ》（全ての人は、自分のことだけを考え、神様は全ての人のことを考える）」という言葉は、個人主義社会ドイツを象徴する言葉だ。だが、もし市民や企業が自分の利益だけを追求し、誰も彼らの行動を制御しなかったら、社会がばらばらになってしまう危険がある。まるで熱帯のジャングルのように、弱肉強食のルールがはびこり、強い者だけが生き残り弱い者は死に絶えていくだろう。そうした状態に歯止めをかけるために、法律が使われる。

ドイツ人は、「人々が全体の調和よりも、個人の利益を追求する社会で、最低限の秩序を守るためには、法律や規則で市民や企業の行動を律する必要がある」と考えているのだ。

私は、ドイツ人が法律遵守《じゅんしゅ》を重んじる性格は、この国の強烈な個人主義の裏返しだと考えている。厳しい制裁に裏打ちされた法律が、社会がばらばらになるのを食い止めるかすがいになっているのだ。

空文化している日本の労働基準法

日本では、どうだろうか。確かに、労働基準法の第32条によって、1週間の労働時間の上限は40時間、1日8時間と決まっている。しかし、一体どれだけの企業がこの法律を守っているだろうか。管理職が口を酸っぱくして1日8時間を超える労働をしないように注意する会社はあるだろうか。ドイツに比べると、そのような会社は少ないのではないだろうか。

日本企業で特に過重な労働で知られるのは、いわゆるブラック企業である。労働基準法によって労働時間の規制があるのに、なぜこのような企業が野放しになっているのか、私には理解できない。ドイツならば、そのような企業は労働安全局によって取り締まられるので、過重労働を続けさせることはできない。つまり日本の場合は、法律が空文化しており、実態を伴わないものになっているのではないだろうか。

日本では、「法律や規則よりもお客様へのサービスが先だ。お客様に満足してもらえなければ、注文が来なくなってしまう」と考える経営者が多いのかもしれない。そのことが、労働基準法の空文化の背景かもしれない。

しかし、これは本末転倒だ。日本もドイツ同様、法治国家である。お客様に満足してもらうという理由で、社員が病気になるという状態は、健全とは言い難い。

若い人の過労死や過労自殺のニュースには、心が痛む。この現象は海外でも有名になっており、ドイツでも「フジヤマ」、「スシ」、「ツナミ」と同じように、「カロウシ」という日本語はよく知られている。このような言葉が海外で有名になるというのは、日本にとって不名誉なことだ。

日本の労働基準監督署は、労働時間に関する法律違反の取り締まりをもっと強化するべきだろう。

「その仕事は、かけた時間だけの成果を期待できるか」

では、なぜドイツ人は労働時間が短いのに、高い生産性を上げられるのか。その本質に迫っていこう。

彼らは、効率性をきわめて重視する民族だ。つまり、元々少ない労働（インプット）によって、最大の効果（アウトプット）を得ようとする傾向が強い。

ドイツ人には、日本人に比べると倹約家が多い。同じ物を少しでも安い値段で買おうとする傾向が日本人以上に強いことも、効率性を重視する国民性の表れだ。

たとえば燃料の値段が他の場所よりも数セント安いガソリンスタンドを見つけるために、真剣に努力をしている人、少しでも安い電力会社やインターネットのプロバイダー、自動車保険会社を見つけるために多大な労力を費やしている人を、時々見かける。彼らはドイツ語で「Schnäppchenjäger《シュネップヒェンイエーガー》＝安い物を追い求める狩人」と呼ばれる。日本語に直訳するには難しい、ドイツらしい言葉だ。

日本人の目から見ると、1年間に1万円程度の節約をするために、それだけの労力を費やす必要があるのかと考えてしまう。ドイツ人には、1年間に1万円程度でも節約できれば、得をしたと考える人が多い。

ドイツ人は、**無駄な仕事をしたり、無駄な時間を費やしたりすることをひどく嫌う**。ドイツの大半のオフィスで書類がすぐに見つかるように整理されている理由の1つは、彼らが書類を捜すために時間を無駄に費やしたくないと考えているからだ。

また、ドイツ人は、**仕事をする時に「費用対効果」の関係を常に考えている。費やす時間や労力に比べて、得られる効果や利益が少ないと思われる場合には、仕事を始める前に、「そのような仕事をする意味があるのか」と真剣に議論する。**その理由は、1日の労働時間が10時間以下と法律で限られているので、労働時間を1分でも無意味な作業に費やすことは避けるべきだと考えているからだ。

したがって管理職にとっては、これから行おうとする仕事や課題がなぜ彼（または彼女）のチームにとって重要なのかについて、社員を説得できるかどうかが、重要な鍵となる。ドイツの会社で社員が「Diese《ディーゼ》 Arbeit《アルバイト》 macht《マハト》 keinen《カイネン》 Sinn《ズィン》（この仕事は全然やる意味がない）」と言ったり考えたりしたら、やる気や労働効率にきわめて悪影響を及ぼす。

つまりドイツの会社では、ある課題に時間を費やすことは、一定の成果を生むために必要な「投資」と見なされるのだ。つまり管理職も社員も、「**この作業に時間を投資することで、具体的にどのような成果を期待できるのか**」を常に考えながら働いている。

さらにドイツでは、「**1日の労働時間が10時間を超えると、仕事の効率が目に見えて落ちるし、ミスをする危険が高まるので、長時間労働はしない**」と考える人が多い。10時間以上働いて疲労が重なれば、入力ミスなどが増えて、後に修正しなくてはならなくなるので、結局は効率が悪くなる。それならば、仕事を早めに切り上げて帰宅し、翌朝すっきりした頭で仕事をやったほうが、効率的かもしれない。

特に最近多くのドイツ企業では、「イノベーション（技術革新）」が重視されているが、新しいアイディアを生むには、気分転換がきわめて重要である。

無為な時間は、無駄な時間ではない

この世で一番貴重なものは、何だろうか。お金と答える方もいると思うが、私は**最も貴重なものの1つは、時間**だと思う。いつの時代にも、生きていくためには働かなくてはならない。そのために、「他人のためではなく、自分のために使う時間」を確保することが難しい。最近ではスマートフォンのために、仕事と自由時間の区別がはっきりしなくなってきた。ＩＴ技術は、人間の生活を豊かにするためのもののはずだが、我々の暮らしは慌《あわただ》しくなる一方だ。

私の大先輩（故人）は、40年以上前にＮＨＫのパリ特派員だった。当時は携帯電話はおろかファクスもなく、日本との通信手段は固定電話とテレックスだけ。「これから南フランスに取材に行ってきます」と東京の外信部にテレックスを送り、フィルムカメラと録音機を持って、２週間南フランスに取材に出発。その間は、他の仕事はしなくてよかったし、東京には全く連絡を取らなかった。

今日では考えられないことだが、当時のマスメディアではいまと違う速さで時間が流れていたのだろう、この先輩も携わった40年前の「海外特派員報告」という番組には、今日にはない深みがあった。いまでは、特派員が地球のどこにいても、東京のデスクから電話やメールが追ってくる。

読者の皆さんの中には、「何もしない時間は、無駄だ」と考えられている方がいるかもしれない。それは、間違いである。**何もしない時間は、新しいアイディアを生むには非常に重要**である。

私の場合も、新しいアイディアが生まれるのは、土曜日・日曜日にミュンヘンの公園の森の中でジョギングをしている時、風呂に入っている時、または早朝に目が覚めてベッドの中で考え事をしている時である。

私は2001年以来、週末と休暇の間は、必ず1時間程度ジョギングをすることにしている。最初の3年間で、体重が10キロ減った。雨が降っても、雪が降っても走る。冬には道に雪が積もっているので、滑って転倒しないようにジョギング・シューズにスパイク付きのゴムのベルトを巻くほどだ。

いまでは、私は「ジョギング依存症」にかかっており、土曜日や日曜日の午後に走らないと、なんとなく気分がすっきりしない。PCの前に座っていても連載記事のテーマや、論文の締めの言葉が思い浮かばない時には、近くの森の中で1時間走る。自然の中で身体を動かし、酸素を吸い込むと、ふとしたはずみに新しいアイディアが浮かぶことがある。

私は子どもの頃からスポーツが苦手で、40歳になるまでは定期的な運動を全くやっていなかった。だがいまでは、知的活動を促進するためにも、軽い運動が本当に重要だと実感している。

2013年11月にミュンヘン工科大学で行われた、技術革新に関するシンポジウムで、脳科学の権威の講演を聞いたことがある。このドイツ人教授は、**「新しい発想を生むには、時間に追われる慌しい生活は、適していない。ゆったりした時間が必要」**と指摘した。アルキメデスが風呂に入ってゆっくりしていた時に、新しいアイディアが閃《ひらめ》いたという逸話が伝わっている。これは偶然ではなく、きわめて自然なことだ。風呂に入ってリラックスしている時には、脳が慌しさから解放され、物事を考える環境ができるために、新しいアイディアがわく可能性が高まるのだ。

脳科学の権威は、「新しい知識や情報をむやみに頭に詰め込むことも、創造性を伸ばすには逆効果だ」と語った。**「無為な時間」は、「無駄な時間」ではない**のだ。クリエイティブな活動を行うには、あまりスケジュールを過密にしないほうが良い。新しいアイディアを生むためには、次々にアポイントメントに追われるような生活は、避けるべきだ。

本当にリッチな人とは、お金だけをたくさん持っている人ではなく、自分の時間をたくさん持っている人だとドイツ人を見ていてつくづく思う。お金をたくさん持っていても、自分の時間を持てない人は、実は貧しい生活を送っている。

日本もヨーロッパのように成熟社会になってきて、かつての高度成長期のように、安い商品やサービスを大量に提供すればいい時代ではなくなっている。いかに付加価値の高いものを生み出すか、いかに品質やユニークな発想において差をつけるかが大事なのだ。

そこで必要なのは、体力の限界までしゃにむに働く働き方ではなく、無為な時間も楽しみながら、自分のクリエイティビティ（創造性）を発揮したり、新しいアイディアを生んだりする働き方であろう。

1950年代、1960年代の日本とは違った働き方が、求められている。目の前にある課題だけを追求するのではなく、気分転換のために全く違う活動を行うことが、かえって新しい発想に結びつき、本業の成功につながるのではないだろうか。

ドイツ流ワーク・ライフ・バランス――子どもを学校だけに任せない

またドイツでは、会社で仕事ばかりしていて家庭を顧みないと、離婚される危険性が高い。連邦統計局によると、ある年に結婚したカップルの36％が、25年以内に離婚している。この国では共働きの夫婦が多いので、女性が離婚したことによってただちに貧困に陥る危険性は、比較的少ない。会社での仕事のことばかり考えて、家庭のことを十分に顧みない夫は、離婚されてしまう。最近ドイツで育児休暇を取る男性が増えているのも、そのためである。

またドイツでは、学習塾や予備校が日本よりもはるかに少なく、日本ほど普及していない。夜9時頃に、塾や予備校から家に向かう子どもたちが駅で電車を待っているという光景は、ドイツではほとんど見られない。

子どもの宿題を手伝ったり、予習をさせたりするのは、親の役目だ。ドイツでは子どもを大学などへ行かせて高等教育を受けさせるには、中高一貫校であるギムナジウム（高等中学校）に行かせる必要がある。通常、ギムナジウムに入学する年齢は10歳。つまり9歳前後の成績で、自分の子どもが大学へ行けるかどうかが決まってしまうのだ。

ギムナジウムに入れなかった子どもは、実技学校（レアールシューレ）などに行くことになるが、後に大学に進むのは難しい。特に大企業の管理職になりたい人は、ギムナジウムを経て大学で勉強しておいたほうが有利である。

ギムナジウム入学の難易度には州によって違いがあり、バイエルン州は全国で最も難しいとされている。このため、ミュンヘンに住んでいたあるドイツ人の知り合いは、朝7時には会社に出勤し、毎日午後3時に退勤して帰宅し、子どもの勉強を見ていた。9歳の長男が勉強が嫌いで、成績が思わしくなかったからである。9歳の成績で一生の進路がほぼ決まってしまうというのは、厳しい制度である。**親が子どもの勉強を見なくてはならないというのも、ドイツ人が会社で長時間働かない理由の1つ**である。

私はバイエルン州で高い支持率を持つキリスト教社会同盟（CSU）のある連邦議会議員に「なぜドイツの学校では、ほとんどが半日制なのでしょうか」と尋ねたことがある。彼は「**子どもの教育とはきわめて重要なものであり、学校だけに任せることは間違い**だからだ」という答えが返ってきた。彼は、「子どもの教育は知識の習得だけではなく、人格形成でもあるのだから、親が責任を持って実行しなくてはならない」と考えているのだ。

このように、ドイツ人は「ワーク・ライフ・バランス」を重視している。つまり会社での仕事だけでなく、家族との生活をも重視するという生き方だ。企業側も社員のそうした希望を極力かなえようとしている。

「インダストリー4・0」でさらに日本は差をつけられる？

さて現在もドイツの労働生産性は日本を上回っているが、その差は今後さらに拡大する可能性が強い。その理由は、いまドイツ政府、産業界、学界が一体となって進めている第

4の産業革命「インダストリー4・0」である。

インダストリー4・0とは、端的に言えばインターネットを使ったIT（情報技術）と機械製造業の融合だ。機械や部品をセンサーを通じてインターネットと接続し、機械・部品が互いにコミュニケーションできるようにする。そのことによって、工業生産や製品流通の自動化を現在よりも大幅に進めるための、プロジェクトだ。

ドイツ政府と産業界は、インダストリー4・0を21世紀の重要な成長戦略と位置づけている。この国家プロジェクトは、2030年頃までに産業を根本的に変革するだけではなく、社会にも大きな変化をもたらす。

メーカーにとっては、省力化と人件費の削減が可能になる。たとえば、インダストリー4・0に基づく「考える工場（スマートファクトリー）」では、部品は自分が組み立てられるべき場所を記憶している。部品は流れ作業の中で、機械にその情報を伝達し、自動的に組み立てられる。このため人間が部品の整理などを行う必要はない。単純作業に人間が関与する必要はなくなる。

また機械の異常をシステムが自動的に感知し、人間が介在せずに修理を行うことができる。部品などの受注、生産、発送なども、機械同士、部品同士が情報を伝達しあって自主的に行うので、人間が介在する余地は大幅に減る。

また、ドイツの製造業界の得意技は、顧客のニーズに応じたテイラーメイド（オーダーメイド）の生産である。インダストリー4・0が導入されれば、ドイツ企業はこれまでよりも迅速に、テーラーメイドの生産を自動的に行えるようになる。たとえば、受注数が少なくても、顧客のニーズに合わせた製品を作ることが、現在よりも容易になるわけだ。そして生産体制を、従来よりも短期間に変更することも可能になる。つまりデジタル化によって、小回りの利く製造システムを構築できるということだ。

さらに将来は、世界中の製品、機械、部品をインターネットでつなぐ。ドイツ企業は、製品のネットワーク化によって、「物のインターネット（Internet of Things＝ＩｏＴ）」が蓄積する莫大《ばくだい》なビッグ・データを活用し、新しいビジネスモデルを開拓する。

インダストリー4・0に関する構想が初めて公表されたのは、2011年4月。ハノーバーで開かれた世界最大の工業見本市「ハノーバー・メッセ」で、ドイツ工学アカデミー（Acatech）のヘンニヒ・カガーマン、連邦教育研究省のヴォルフ・ディーター・ルーカス、ザールラント大学のヴォルフガング・ヴァールスターの3人が、「インダストリー4・0によって、ドイツを工業生産のデジタル化で世界のリーダーにする」と宣言した。

Acatechは、「インダストリー4・0によって、ドイツ企業の労働生産性を少なくとも30％改善できる」と発表している。

またフラウンホーファー労働経済組織研究所（IAO）とドイツ情報技術・通信・ニューメディア産業連合会（BITKOM）は、「インダストリー4・0は、2025年までに、機械製造、自動車、化学、IT、電子、農業の6業種の価値創出額を787億ユーロ（11兆1800億円）、ドイツ経済全体の価値創出額を2670億ユーロ（37兆3800億円）増やす可能性がある」と予測している。

2011年にこの計画が最初に公表された時には、労働組合などから「企業の人減らしにつながり、失業率が高まるのではないか」という懸念が出された。

これに対し産業界は、「インダストリー4・0が導入されても、工場が完全に無人化されるわけではない。労働者は、これまでよりも創造的な仕事を行う。さらにワーク・ライフ・バランスの改善にもつながる」と労働組合に説明している。

このため労働組合は、2015年の時点ではインダストリー4・0を完全に拒否してはおらず、労働者の利益を守るためにプロジェクトに参加している。ただし、労働者に求められる知識や適性は変わるので、職業教育を根本的に変更する必要が生じる。

日本では、一部の大企業が工業生産のデジタル化やIoTについて、個別に研究開発を進めているが、ドイツのように官民一体の国家プロジェクトにはなっていない。経済界やメディアの関心も、ドイツに比べると大幅に低い。すでに日本は工業生産のデジタル化プロジェクトにおいて、ドイツに4年遅れているという声もある。

現在の状態が続けば、2030年頃には日本の製造業界は労働生産性において、ドイツに大きく水をあけられる可能性もある。

誕生日祝いを勤務時間に行うのもドイツ流

さてドイツの職場では、労働生産性が高い分、労働時間の制約が厳しいことを紹介してきたが、この章を終える前に、ほほえましい話をお伝えしよう。

この国の会社では、休憩のためにカフェテリアでコーヒーを飲んだり、職場のPCから離れた別のPCで私用のネット検索などを行ったりする時には、タイムカードでチェックアウトして、労働時間から差し引かなくてはならない。

日本の多くの企業では、勤務時間中に私的な目的でネットを閲覧したり、メールを打ったりしてもあまり問題にならないが、ドイツでは就業規則違反である。つまり、日本の企業はしばしば公私混同を認めているが、ドイツ企業は見逃さないのだ。

ただし、ドイツにも例外はある。社員が職場で誕生日や結婚、子どもの誕生、勤続20周年などを祝う時には、勤務時間内に行うことが許されている。

ドイツ人は、欧州の中で誕生日を最も重視する民族だ。彼らは40歳、50歳、60歳など切りの良い誕生日を盛大に祝う。誕生日を迎えた社員は、食堂や会社のキッチンなどにシャンパンや軽食を用意し、上司や他の社員を1時間から2時間程度の立食パーティーに招待する。他の社員たちは、カードに寄せ書きをしたり、寄付を集めてプレゼントを買ったりする。

試用期間を無事に終えて、無期限の雇用契約を手に入れた社員、別の課に移ったり、外国の支店へ転勤したりする社員、定年で退職する社員なども、勤務時間内にささやかな立食パーティーを行うことが許されている。

ふつうドイツ人は、会社とプライベートな生活を厳密に区別することを好む。しかし誕生日などの祝い事だけは、別である。オフィスが「家庭」のような雰囲気を持つ瞬間だ。

日本の企業では、勤務時間中に誕生日や結婚、子どもの誕生を、オフィスで上司や同僚とともに祝うという習慣はないだろう。日本人の管理職の中には、「プライベートな理由で、勤務時間を無駄にするな」と言う人もいるに違いない。

ドイツの企業は、ふだんは社員に対し労働時間をなるべく短くするように要求し、残業代をなるべく払うまいとしている。それだけに、誕生日や家庭内の祝い事について「人間的」な側面を見せることは、ちょっと意外である。

第4章

アメリカ型資本主義は目指さない！ドイツの「社会的市場経済」

全ての社員が「それぞれの」雇用契約を結んでいる

これまでお伝えしてきたように、ドイツ政府は、企業に対し社員に最低24日間の休暇を取らせることを義務づけ、1日10時間を超える労働を禁止している。しかも、監督官庁が厳しく監視しているので、大半の企業はこのルールを守っている。

法律による勤労者の保護を特に強く感じるのは、雇用についてだ。ドイツの勤労者は休暇や労働時間以外にも、様々な形で法律による保護を受けている。しかも法律の内容が骨抜きにされずに、実行されている。

まず、ドイツの企業は日本や米国と異なり、全ての従業員と雇用契約（Arbeitsvertrag《アルバイツフェアトラーク》）を結び、書面化することを法律によって義務づけられている。この契約書は、企業で働く市民にとって、職業生活を規定する最も重要な書類だ。つまりこの国には、雇用契約書なしに企業に雇用されている従業員は1人もいない。

雇用契約は、半年の試用期間が終われば原則として無期限であり、更新する必要はない。21世紀に入ってからは、期限のある雇用契約も使われ始めているが、まだ例外である。

雇用契約書には、給与の額、労働時間や休暇日数、業績の査定の仕方など従業員の権利と義務が明記されている。

契約書の原案を渡された従業員は、内容について企業と交渉して、内容を変更させることも可能だ。このため契約内容は、社員によって異なる。雇用契約は、企業側と従業員が契約書に署名して初めて有効になる。これが、日本企業に入社する時に渡される就業規則書とは大きく異なる点だ。

日本では「雇用契約は契約書にサインしなくても有効」という見方もあるようだが、ドイツでは契約書にサインしなくては雇用契約は発効しない。

弱い立場にある従業員をいかに守るか

ドイツでは、勤労者が突然解雇されて路頭に迷うことがないように、様々な安全機構がつくられている。

その中で最も重要なものが、「従業員を解雇から守るための法律」だ。

1951年に施行されたこの法律を読むと、ドイツがいかに法律を重視する国であるかが、痛感させられる。経営者に比べて弱い立場にある従業員を守るには、こうした法律が欠かせないということを感じる。

この法律によると企業は、従業員が犯罪をおかした場合や、試用期間中である場合などを除いて、従業員を即時解雇することは許されない。たとえば企業は解雇の通告を、解雇する日の3ヶ月前までに行わなくてはならない。日本のほとんどの企業では雇用契約書がないので、社員も解雇通知期間が何日か知らないのではないだろうか。

また業績が悪化したために、人件費を減らそうとして従業員を解雇するようなケースは、「経営上必要な解雇」と言われるが、この場合、企業は解雇されても不都合が少ない人から優先的に解雇しなくてはならない。具体的には、従業員の年齢、勤続年数、従業員が家族を養う義務があるかどうか、身体に障害があるかどうかといった基準に照らして、解雇する社員を選定しなくてはならない。

解雇を不当と考える社員は、会社を相手取って裁判所に訴訟を起こすことができる。提訴できるのは、解雇通知を受け取った日から3週間以内に限られている。

日本とは異なり、ドイツでは裁判の内容によって裁判所が細かく分かれている。雇用に関するトラブルは、労働裁判所という専門の法廷で裁かれる。この裁判所では、雇用問題を多数扱ってきた裁判官が審理するが、従業員に有利な判決を下すことが多い。このため労働裁判所の存在そのものが、企業にとっては一種のプレッシャーとなる。

「短時間労働（クルツ・アルバイト）」で解雇を防ぐ

ドイツ政府は、経済が不況に襲われた時に解雇を防ぐメカニズムを持っている。クルツ・アルバイト（短時間労働）と呼ばれる制度だ。

ドイツ企業の経営者は不況で受注が減っても、すぐには従業員をクビにはしない。まず短時間労働制度を使って、正社員の解雇を避けようとする。企業は連邦労働庁に短時間労働制度の適用を申請し、社員の労働時間を短縮する。労働時間の削減によって社員の給料は減るが、連邦労働庁が給料が減った分の67%を社員に支払う。さらに年金保険、健康保険、介護保険などの保険料も政府が払ってくれる。

つまり社員は労働時間の削減によって給料が減った分を、国に補填してもらうわけだ。このため、勤労者は仕事がなくなってもただちに経済的な困難に陥ることはない。

短時間労働の支援を受けられる期間は、原則として最高半年だが、この国はリーマンショックによって戦後例のない深刻な不況に襲われたことから、政府は２００９年に、支援期間を1年半に延ばした。この制度は、経営者にとっても、経験豊富な社員をつなぎとめておけるという利点をもたらす。

ドイツの経営者は、専門知識が豊富なスペシャリストを大事にする。社員の教育、研修には非常に長い時間とコストがかかる上、熟練工やベテラン社員を失うことは、大きな痛手になるからだ。

日本の大手メーカーが業績悪化のために、ベテラン技術者を解雇し、重要なノウハウがアジア諸国のメーカーに流出したことがある。韓国などの電機製品の品質が急激に向上した背景には、日本からの頭脳流出もある。

短期的なコスト削減だけを目的としたベテラン技術者の解雇は、長い目で見ると結局ライバル企業を利することになる。ドイツの短時間労働制度は、こうした頭脳流出を防ぐ手段でもある。

連邦労働庁によると、２００９年1月の時点で、約1万社の企業が短時間労働制度を利用した。約29万人の勤労者が、この制度のおかげで路頭に迷わずに済んだ。

手厚い職業訓練と生活保障

さてクルツ・アルバイトの期間が過ぎても業績が回復しないなどの理由で、勤労者が企業から解雇された場合には労働局（日本のハローワークにあたる）に届け出るわけだが、ただちに失業者として登録されるわけではない。

労働局はまず職業訓練を受けさせることによって、その市民をなんとか他の仕事につかせようとする。つまり他の技能を身につけさせることによって、再就職のチャンスを高めようとするのだ。

日本と大きく異なる点は、労働局が年齢や国籍にかかわらず多額の金を払って、職業訓練を受けさせることだ。たとえば50歳を過ぎている市民に対しても、国が１００万円近い金を出して、１年近く職業訓練を受けさせてくれることは珍しくない。この間、家賃や社会保険料も国が払ってくれる。職業訓練を受けている間は、その人は失業者として統計に記録されないので、政府にとっては失業者数を低く抑えることができるという利点がある。

ちなみに、失業者として労働局に登録されてからも、家賃や社会保険料は国が負担する。

洗濯機や冷蔵庫など家電製品が壊れた場合には、買い換えるための費用も国が出してくれる。

日本よりはるかに大きい労働組合の力

さらに、ドイツでは、労働組合の影響力が日本よりもはるかに大きい。日本では交通機関のストライキなど近年聞いたこともないが、ドイツではいまでも航空会社の乗務員や列車の運転士が待遇改善を要求してストライキをすることがある。

２０１４年から２０１５年にかけては、特に航空会社ルフトハンザのストが目立った。業績の悪化に苦しむ同社が、割安航空（ＬＣＣ）路線を拡大したり、パイロットの定年退職の条件を厳しくしようとしたりしていることについて、乗務員たちが抗議しているのだ。

また、私が２０１５年4月にミュンヘン市内の郵便局に行ったところ、ドアが閉じられていた。「スト決行中」の貼り紙がある。ドイツ銀行が所有していた郵便銀行（ポストバンク）の売却を決めたので、郵便銀行の職員たちが雇用の確保などを要求して、ストに突入したのだ。ドイツに25年間住んでいるが、郵便局のストは珍しい。その他、託児所や郵便配達人もストを行った。

ドイツには、金属産業労働組合（ＩＧメタル）やサービス産業労働組合（Ver.di）など8つの産業別組合がある。これらの組合には、２０１０年の時点で６１９万人が加盟しており、ドイツ労組連合（ＤＧＢ）によって統括されている。自動車産業や機械工業を経済の屋台骨としているドイツでは、ＩＧメタルの影響力が非常に強い。

これとは別に、大企業など一部の企業には、企業別組合に相当する事業所評議会がある。事業所組織法によると、従業員が5人以上の企業は事業所評議会を持つことができる。企業別組合の設置は法律によって強制されておらず、あくまでも社員が自主的に決めることだ。大企業でも、業績や待遇が良い会社の中には、企業別組合を置いていない社がある。

ＤＧＢの研究機関であるハンスベックラー財団によると、旧西ドイツの企業の従業員の43％、旧東ドイツの企業の従業員の36％が、事業所評議会を持つ会社で働いている。ドイツで事業所評議会の設置を許す法律が最初に施行されたのは、１９２０年。この国の社会や経済に、組合制度が深く根づいていることを示唆する事実だ。

事業所評議会は、従業員にとってきわめて重要な存在である。たとえば、従業員が解雇されるという通告を受け取った場合、最初に相談する〝駆け込み寺〟が事業所評議会である。

また、事業所評議会の委員は、パワハラやモビング（職場での組織的な嫌がらせ）を受けているという社員からの訴えについて相談を受け付ける窓口にもなる。

企業がある従業員の解雇について、全ての事実を事業所評議会に開示していない場合や、手続きに誤りがあった場合には、解雇は法的に無効なので事業所評議会は同意しない。経営側にとって、事業所評議会が同意しないまま従業員を解雇することは原則として難しい。事業所評議会の委員たちは、解雇をめぐって経営側と交渉するのに慣れているので、法律知識がない社員にとっては心強い。

企業の業績が悪化したり、他の企業に買収されたりした場合のリストラには人員削減がつきものであり、泣きを見るのは従業員だ。このためドイツの法律は、機構改革の際にも従業員の利益を守る手立てを整えている。

労働者の代表を監査役会のメンバーに

ドイツの法律は、この国の大企業で働く労働者に、日本や米国では考えられないほど強大な権力を与えている。

この国の株式会社には、監査役会（Aufsichtsrat《アウフズィヒツラート》）という独特の組織がある。日本の監査役会とは異なり、労働者や株主の代表が、取締役会を監督するための組織であり、企業が行う重要な決定について発言権を持っている。

興味深いのは、取締役会のお目付け役であるこの重要な組織に、事業所評議会つまり組合の代表を参加させることが、法律で義務づけられていることだ。

しかも、従業員の参加の仕方が、半端ではない。たとえば従業員数が500人以上、2000人未満の企業では、監査役会のメンバーの3分の1は事業者評議会の代表が占めなくてはならない。従業員数が2000人以上の企業では、従業員の代表が監査役会メンバーの半分を占める。

ドイツの組合は日本の組合よりも経営からの独立性が強い組織であり、労使間には日本以上に緊張関係がある。私が1980年代にNHKで働いていた時には、上司がどの社員に組合の執行委員をやらせるかを決めていた。ドイツの企業では、事業所評議会の委員は選挙で選ばれるので、上司が組合の委員を決めるなどということは、あり得ない。

ドイツの組合は、監査役会にメンバーを送り込むことによって、経営にも間接的に参画しているのだ。たとえば監査役会は、取締役の選任や大規模な機構改革を承認する機関でもあるので、組合の代表は企業が行う重要な決定について、発言権を持たされている。

たとえば2014年12月にドイツ最大のエネルギー企業エーオン（本社・デュッセルドルフ）が原子力発電や火力発電などを別会社に切り離し、本社は再生可能エネルギーや次世代送電網などの新しいビジネスモデルに特化することを発表した。日本でいえば東京電力に相当する電力会社が、これほどの大リストラを発表したのは、ヨーロッパで初めてのことである。

約6万人の従業員のうち、4万人が本社に残るが、2万人は原子力・火力発電を担当する「ユニパー」という新会社に移らなければならない。この大リストラを最終的に承認したのは、従業員の代表も加わっている監査役会である。エーオンはリストラ計画を発表した際に、「2018年までは1人の社員も解雇しない」と宣言したが、この決定には監査役会に参加している組合代表の筆跡が感じられる。つまり「リストラによる社員の不利益を最小限にとどめる」という、組合側の意思表示である。

ドイツのコーポレート・ガバナンス（企業統治）が、従業員を巻き込んだ「合意に基づく経営」と言われる所以《ゆえん》である。このシステムは従業員を経営に部分的に参加させることから、「共同決定（Mitbestimmung《ミットベシュティムング》）方式」とも呼ばれる。

たとえば隣国のフランスには共同決定方式がないので、同国の組合はドイツよりも戦闘的だ。ストライキで失われる日数はドイツよりもはるかに多く、時には社長が従業員によって社長室に監禁されることもある。

ドイツ人はある意味で共同決定方式を大企業に義務づけることにより、労働時間がストライキにより失われるのを避けているということもできる。ここにも、効率重視の精神が浮かび上がっている。

アングロサクソン型資本主義とは一線を画す「社会的市場経済」

このようにドイツの勤労者は、様々な法律や社会保障制度などの「多重防護システム」によって守られている。この背景にあるのは、戦後の西ドイツで生まれて、現在も脈々と続いている「社会的市場経済」(Soziale《ゾツィアーレ》 Marktwirtschaft《マルクトヴィルトシャフト》)の原則だ。この原則は、ドイツに独特のものであり、この国の経済や社会を理解する上で最も重要なルールの1つだ。

社会的市場経済の代わりに、「ライン型資本主義」という言葉を使うこともある。第二次世界大戦後の西ドイツ政府が、ライン河畔のボンを首都にしたためである。どちらの言葉も、ドイツの経済システムが「アングロサクソン型資本主義」とは一線を画していることを示す。

米国や英国は、純粋資本主義と、競争原理を最重視する自由放任主義に基づく市場経済を採用している。これらの国々は、政府が市場や企業の経済活動に介入することを最小限に抑え、「小さな政府」を理想とする。

社会保険制度は、市民の所得格差による弊害を減らすことを目的としているが、米国や英国では社会保険制度を最小限度に抑えている。社会保険制度が充実していないために、事故などで働けなくなった市民は、民事訴訟によって損害賠償を請求する。訴訟が部分的に社会保険制度を代替《だいたい》する機能を果たしている。

このため、「弁護士産業」がドイツや日本よりも発達している。所得税率や法人税率は低く抑えられ、政府による企業活動の規制も少ない。新しいビジネスを始めるには、米国は世界で最も適した国である。

米国では、競争に勝った富裕層はますます豊かになり、競争の負け組となった低所得層は貧困に苦しむという構図が事実上是認されている。ある意味では、弱肉強食のルール、ジャングルの掟が支配している。利潤の極大化と所得格差をあえて是認する姿勢が、米国を世界最強の資本主義国家に育て上げた。アップルやマイクロソフト、グーグル、フェイスブックなど21世紀の成長企業の多くが米国企業であることは、偶然ではない。

ドイツの社会的市場経済は、米英とは異なり、政府が大きな役割を果たす経済体制だ。企業は、政府が定めた法律の枠の中で競争をしなくてはならない。たとえば最低休暇日数や、労働時間に関するルールを破って競争をすることは禁じられている。

競争に敗れた企業や市民を救済するために、政府は社会保険制度を整備する。病気やけがなどのために働けなくなった市民、リストラで解雇された市民のためには、政府が「安全ネット」を提供する。失業した市民も国の費用で職業訓練を受け、再就職のための道を探ることができる。

社会的市場経済という言葉の中の「**sozial**《ゾツィアール》**＝社会的な**」という言葉は、社会保障や社会保険という言葉にも使われている。つまり、政府が金を投じて市民の健康や最低限の暮らしを守る仕組みのことである。

この言葉は、ドイツでは良い響きを持っている。たとえば、「あの企業はsozialな会社だ」というと、「利潤の極大化だけではなく、社員の福利厚生にも配慮する会社だ」という意味だ。つまり**株主や経営者だけではなく、勤労者の権利などの「公共の利益」をも重視す**

るという、前向きな評価が込められている。

それは第二次世界大戦後の西ドイツで誕生した

社会的市場経済という言葉を初めて使ったのは、ドイツの経済学者アルフレート・ミュラー＝アルマック（１９０１～78年）教授だ。

彼は１９３３年にナチス党に入党し、ミュンスター大学の経済学・社会学研究所の所長として、ナチス政権に対し経済政策に関するアドバイスを行った。彼は熱狂的な国家社会主義者ではなかったが、「ナチスは強い国家を創設することによって、ワイマール共和国にまさる経済体制を作るのではないか」と期待していた。

戦後はＣＤＵ（キリスト教民主同盟）の党員となり、ケルン大学の経済政策研究所を創設し、市場経済と政府の役割について研究を続けた。アルマックは１９４７年に刊行した『国家のコントロールと市場経済』という本の中で、初めて社会的市場経済という言葉を使った。

彼は「新しい市場経済は、社会的な利益を重視しなくてはならない。政府の役割は、経済政策の一般的な原則を決定し、企業や労働者の自由を保障することにある」と述べ、企業活動の自由だけでなく、公共的利益と社会的公正の重要性を強調した。

1953年に創立され、現在もテュービンゲンにある「社会的市場経済協会」によると、社会的市場経済とは、市場原理主義による成果を、社会的バランスと組み合わせようとするものであり、通貨の安定性と高い就業率を前提にする。

つまり「社会的市場経済」の根底にあるのは、「企業活動は株主や社員、経営者の個人的な利益だけでなく、公共の利益をも増進するべきだ」という考え方である。

この経済システムは、成果を生むための競争を基盤とするが、競争が他者の存在を脅かすような事態は、防がなくてはならない。つまり、**米英型の自由放任主義とは一線を画す**ということだ。

強者が弱者を踏み台として繁栄するようなシステムを目指すものではない。社会的市場経済では、政府が農業への援助やエネルギー源の選択など、大規模な構造的調整を行い、企業活動の枠組みを作る。企業は勝手気ままに利潤を追求するのではなく、政府が決めた枠組みの中でプレーしなくてはならないのだ。

また同協会は、「社会的市場経済とは、自由で人間的な経済・社会秩序である。**社会の**

成員1人1人を置き去りにしてはならないが、同時に個人は自分に課された責任を果たさなくてはならない」と定義している。

コンラート・アデナウアー政権（1949～63年）の経済大臣だったルートヴィヒ・エアハルトは、「国民全員に繁栄を」をモットーにして、国民から支持された。彼はより計画経済的な政策を要求したSPD（ドイツ社会民主党）の反対を押し切り、民間企業の役割をも重視した社会的市場経済の原則を、西ドイツの経済政策の中心に据えた。

安定と秩序を重んじるドイツ人にマッチした制度

エアハルトは、アルマックの思想に深い影響を受けている。彼は、1952年にアルマック教授を連邦経済省の政策課の課長に迎え入れたほどだ。このようにして社会的市場経済の原則は、戦後西ドイツ経済を支える理論的な基盤となった。

気になるのは、アルマックがナチス党員だったことだ。いまのドイツでは、ナチス党員だった大学教授が、中央官庁で大臣にアドバイスを行うことは考えられない。今日《こんにち》ではナチスの過去と批判的に対決することが国是となっているからだ。

だが1950年代の西ドイツでは、ナチスの過去を徹底的に追及しようという機運が、政界でも言論界でも今日ほど強くなかった。このためナチスの党員だった人々が、公職追放処分を免れて裁判官、検察官、企業幹部、外交官、警察官などとして働いていた。ナチス党員だった学者がエアハルトのアドバイザーとして経済省で働いていたことは、今日の目から見ると奇異に感じられるが、当時はよくあることだった。

ただしアルマックは、戦時中からナチスに対して冷めた見方も持っていたようで、「ドイツが戦争に勝つことはあり得ない」と考えていた。このため敗戦間際には、財界人や知識人からなる非公式の勉強会に加わり、戦争終結後のドイツの経済システムについて青写真を描き始めていた。彼がエアハルトと知り合ったのも、この非公式サークルだった。

ドイツ人は概して、**法律や規則に従って行動することを好み、安定や秩序を重んじる。カオス（混乱・混沌）が嫌いで、常にリスクについて考えをめぐらし、石橋を叩いて渡る保守性を持った国民**である。**ヨーロッパの中でも日本人の気質と近いものがある**だろう。このため、政府が競争の枠組みを規定する社会的市場経済は、ドイツ人の心情にぴったりくるものだった。このため社会的市場経済は、戦後西ドイツの復興と奇跡的な経済成長にとって、重要な基盤となったのである。

今日でもドイツの全ての政党が、社会的市場経済を尊重していることは、この原則がいかにドイツ人のメンタリティにマッチしているかを示している。

手厚い労働者保護がなぜ、仕事の生産性を高めるのか

さて、これほど手厚い労働者保護の仕組みは、なぜドイツの労働者を怠惰《たいだ》にするのではなく、経済の生産性を高めることに役立っているのだろうか。

ドイツ人は個人主義が強い民族であり、日本ほど企業への忠誠心は強くない。社員と企業の関係は、ギブ・アンド・テイクである。ドイツ人は、企業で働くことで受けるプラスの点と、マイナスの点を常に天秤にかけて比較している。プラスの点は、収入や生活の安定や、30日間の有給休暇である。マイナスの点は、出張などのために家族と一緒に過ごす時間が減ることや、会社でのストレスである。

ただし企業側も、労働者保護の仕組みを守るかわりに、労働者のパフォーマンスを厳しく監視している。ドイツの企業は、日本企業以上に成果主義を重視する。社員全員が、年初に目標を設定させられ、上司が社員と面談を行って年末に目標を達成したかどうかを

チェックする。目標が達成できないと、その理由を厳しく問い質《ただ》され、正当な理由なしに目標が達成できなかった場合には、給料が減ることもある。

ドイツ人は、日本人と違って、「がんばっている」というだけでは全く評価しない。過程よりも結果を重視するのだ。**がんばっているのに成果が出ない社員よりも、あまりがんばらなくても、短い時間で成果を上げる社員のほうが評価される。**「がんばり」を評価するのは、日本独特のメンタリティだ。

またドイツの企業は、労働者が手抜きをしたり、勤務態度が悪かったりした場合には、厳しく処罰する。私の知人にも、勤務態度が悪くて降格させられた人がいるくらいだ。顧客に対する言葉遣いが悪かったために、解雇された社員もいた。また病気のために長期療養をするという名目で会社を休んでいる時に、観光地で遊んでいるところを管理職に目撃されて、クビになった社員も知っている（長期療養の際には、原則として自宅か病院、療養施設にいなくてはならない）。ドイツ企業はルール違反をした社員に情け容赦がない。

ドイツ人のサラリーマンには、生真面目な性格の人が多い。したがって、労働者保護の仕組みがあるからといって、それを悪用して解雇されたら損だという計算が働く。ある意味では、リスクを避けようとする傾向が強いのだ。

そう考えていくと、ドイツ企業の絶対的な成果主義と、社員と企業の間の緊張関係、さらにドイツ人の生真面目な国民性が、労働者保護の仕組みの悪用を生まず、生産性の向上につながっていると言える。

アメリカや日本より圧倒的に貧困率が低い秘密

社会的市場経済の思想は、「国富を富裕層や企業に偏在させずに、一部を所得が低い国民に還元し、格差による不利益を緩和しよう」というものだ。このため、ドイツがGDPの中で社会保障に回す部分は、日本や米国よりも多い。そのことは、OECDの社会保障支出データベースがはっきり示している。

日独米を比べられる直近の年は、2011年だ。OECDによると、2011年にドイツはGDPの25・5%を社会保障に回していた。これは日本の23・1%や米国の19・0%を上回る。

社会保障負担率と租税負担率を合わせて、国民負担率という言葉を使うことがある。これは、GDPの中で何%が社会保障など公共的な目的に回されているかを示すものだ。

（図表 4-1）日独米の国民負担率の比較（2011年）

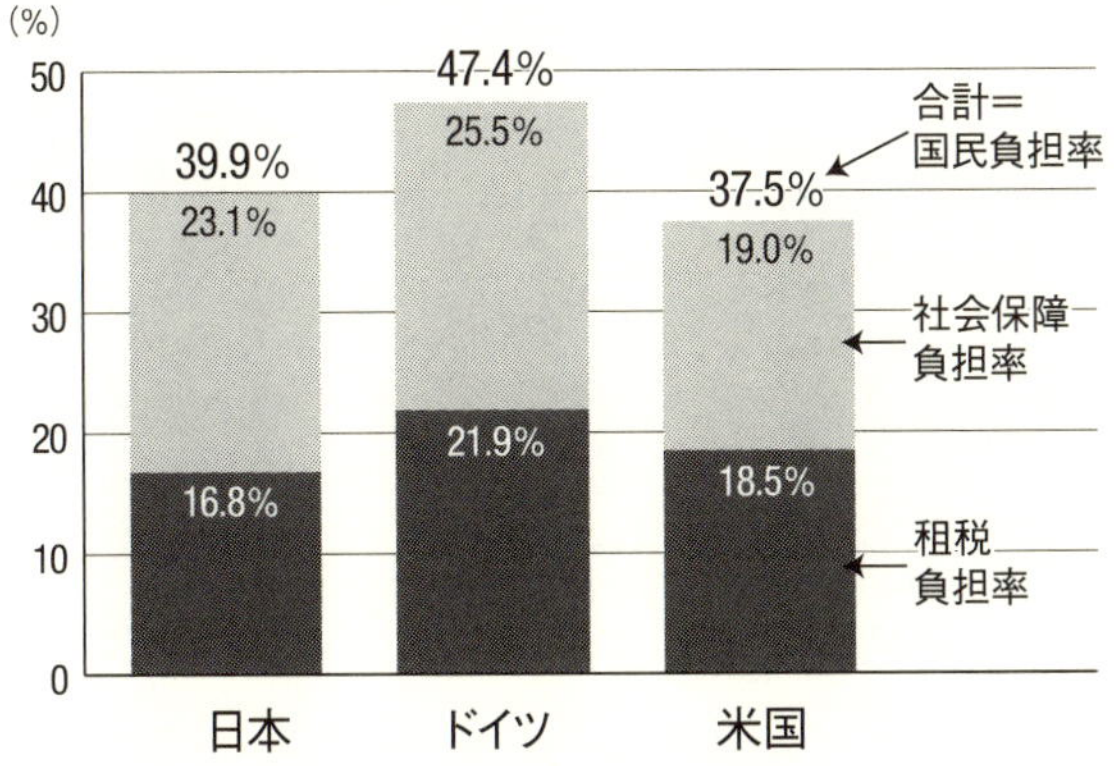

資料＝OECD

２０１１年のドイツの国民負担率は47・4％で、日本の39・9％、米国の37・５％に大きく水をあけている。

この高い国民負担率には、ドイツの社会的市場経済の思想が反映している。国民負担率が高い国ほど、所得を再配分することによって、低所得層に救済の手を差し伸べようという傾向が強い。

またOECDによると、ドイツの国民１人あたりの社会保障支出額は、２０１１年の時点で７９３９・７ドルで、日本（６０１４・１ドル）よりも32％多い。

社会保障は、国富を富裕層から低所得層に再配分するので、いわゆる貧困率を減らす機能を持っている。OECDでは、全ての国民

（図表4-2）日独米の相対的貧困率の比較（2009年）

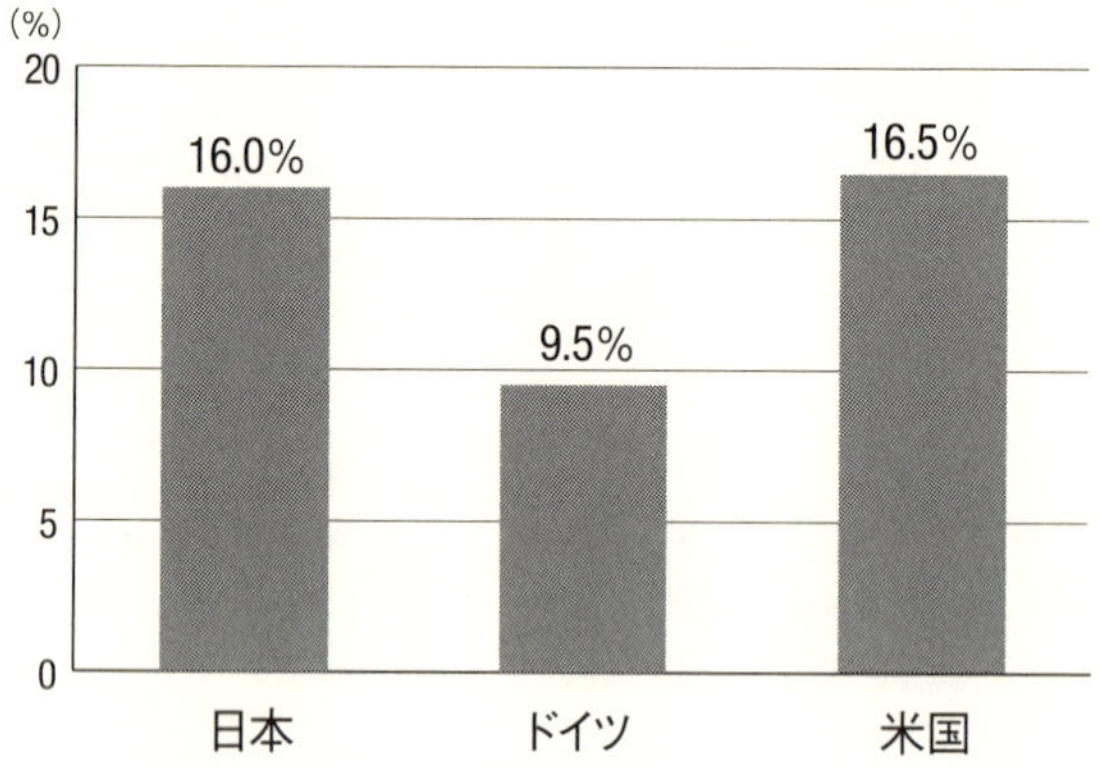

資料＝OECD

の月収を高い順に並べて、中間に位置する月収額の50％よりも収入が低い市民を、貧困層に属する市民と定義している。

ＯＥＣＤのデータベースでは、比較可能な直近の年は２００９年である。ちなみにＯＥＣＤが使っている数字は、市民が生活保護や社会保障給付など、国からの支援を受け取った後の貧困率で、相対的貧困率と呼ばれる。

２００９年のドイツの相対的貧困率は、９・５％。これに対し日本は16・０％、米国では16・５％とはるかに高い。日本の相対的貧困率が、ドイツよりも米国に近いというのは、私にとってはショックである。なおドイツの相対的貧困率は、景気の回復に伴い下がる傾向にあり、2011年には8・7％となっている。これに対し米国の相対的貧困率は、2012年の時点で17・4％と上昇しつつある。

私が25年間ドイツを観察していて興味深いと思うのは、企業寄りの改革を実施した政治家たちも、この社会的市場経済の原則の廃止を提案しなかったことだ。

たとえばシュレーダーは、2003年に構造改革プログラム「アゲンダ2010」を断行し、社会保障制度や労働市場にメスを入れたが、社会的市場経済の原則をやめるとは決していわなかった。彼は、「いま社会保障制度のいきすぎた部分を改めなければ、制度が立ち行かなくなる。この制度を存続させるには、痛みを伴う改革が必要だ」として、労働組合や市民を説得しようとした。

実際、シュレーダー改革以前のドイツの社会保障制度には、日本人の目から見ると「あまりにも贅沢すぎる」と思われる部分があった。たとえば改革される前の公的健康保険は、メガネの費用をカバーしたり、出産や葬儀の際の一時金を払ったりしていたが、シュレーダーはこうした支出を廃止した。

彼は、「市民があらゆることについて、国に面倒を見てもらえる時代は終わった。政府は将来も市民を助けるが、市民も自己負担を増やさなくてはならない」と主張したのだ。

米国の経営学者ピーター・ドラッカーは、1990年代に「ドイツの社会的市場経済の原則はコストがかかりすぎて、維持できないだろう」と語ったが、シュレーダーはまさにコストがかかりすぎる部分にメスを入れることによって、制度の維持を図ったのだ。

しかしシュレーダーは、ドイツの社会保障制度を米国や英国のような水準まで引き下げたわけではない。彼は国と企業の負担を減らすために、いきすぎた部分を削ったにすぎず、いまでもドイツの社会保障制度は、米英や日本よりもはるかに手厚い。

それどころか、メルケル首相は2013年秋の総選挙で勝った後、公的年金の受給枠を拡大することなどによって、シュレーダー改革を部分的に後退させた。経済学者や産業界からは「シュレーダー改革がもたらした成果を、台無しにするのか」という批判が上がったが、メルケルはそうした声を無視して、好景気によって増大した国富の一部を低所得層に還元した。さらに、ドイツにはフランスやイタリアと異なり、法律で定められた最低賃金も存在しなかったが、メルケル政権は2014年8月に法定最低賃金を導入した。これによって、食品工場や理髪店などで働く人々の賃金が底上げされた。

つまりドイツは、多大なコストをかけて社会的市場経済というシステムを守りつつ、高い労働生産性を維持しているわけだ。

ちなみに、ドイツでは日本に比べると自殺率が低い。ＯＥＣＤが２０１１年の人口10万人あたりの自殺者数を調べた統計によると、日本の自殺率は10万人あたり20・９人で、36ヶ国中、第４位。これに対しドイツは10万人あたり10・８人で、日本のほぼ半分。36ヶ国中、第23位である。自殺率が低い原因の１つは、ドイツの社会的市場経済に基づく、手厚い社会保障制度だと思う。

ついに赤字国債発行額をゼロに！

さらにドイツは、社会保障費用など、社会的市場経済にかかる多大なコストを政府の野放図な借金によってまかなっているわけではない。この国の政府は、借金を着実に減らしつつある。

２０１５年１月にドイツ連邦政府は、「**２０１４年度に歳入がわずかに歳出を上回って財政が均衡し、新規の国債発行は不要だった**」と発表した。このニュースは、多くの日本人を驚かせた。

連邦政府に州政府、地方自治体、社会保険などを加えた歳入・歳出の全体像はまだ明ら

（図表 4-3）自殺率（住民10万人あたりの自殺者数）の国際比較
（2011年もしくは最新の数字）

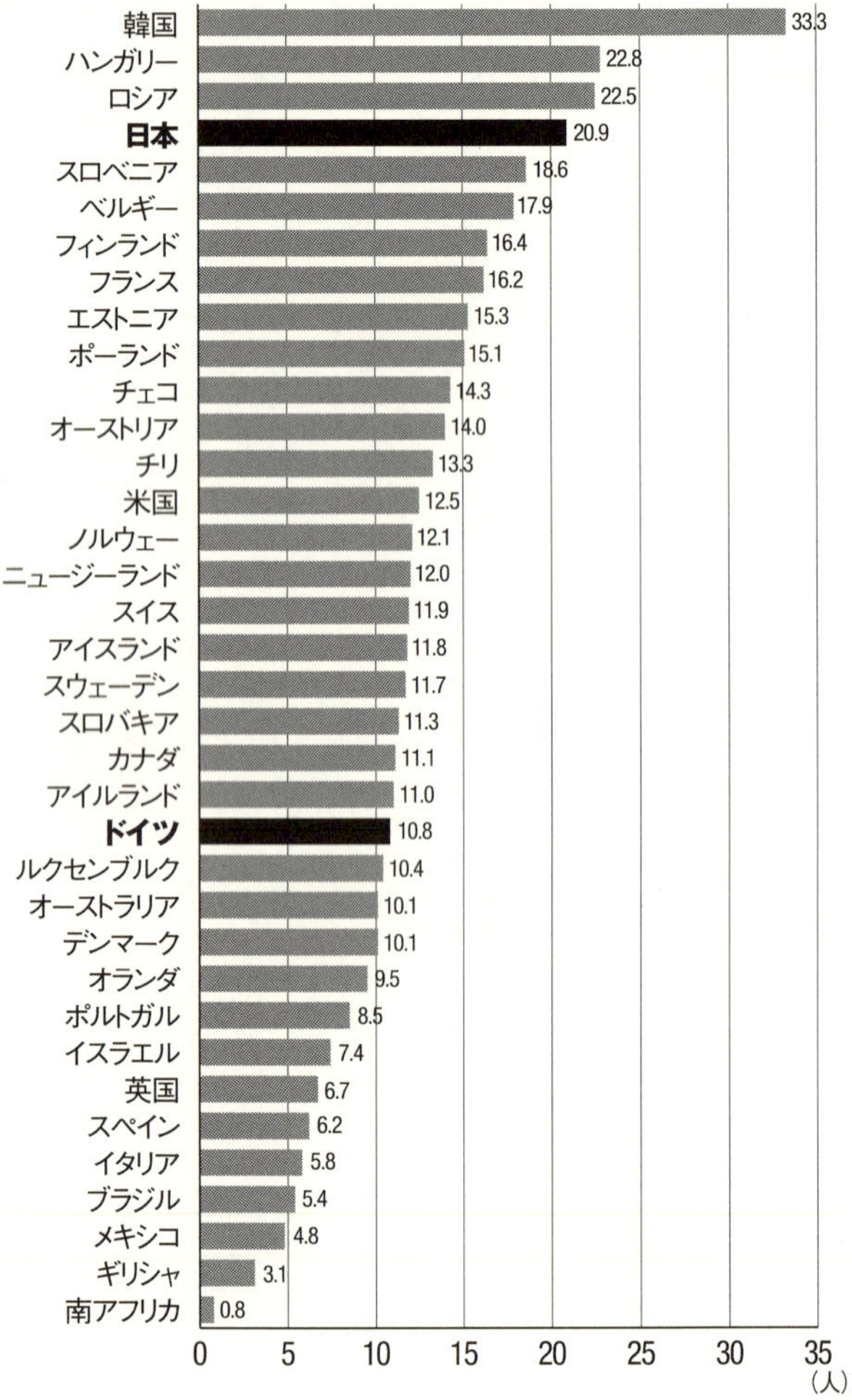

資料＝OECD

かになっていないが、遅くとも2015年には財政が均衡する見通しだ。

連邦財務省が2014年7月に発表した「中期財政予測」によると、2015年度には連邦政府、州政府、地方自治体、社会保険などの歳入(8060億ユーロ)が歳出(8030億ユーロ)を上回り、30億ユーロの財政黒字が出る。少額の黒字なので、小数点以下を四捨五入した対GDP比率は0%だが、2016年以降は対GDP比で0・5%の黒字になると予想されている。

ドイツでもかつては、借金に依存する財政運営が恒常化していた。しかしこの国は**2009年からの5年間で、財政赤字を96%も減らすことに成功**した。

公的債務残高がGDPに占める比率も年々下がっている。公的債務比率は、2014年の時点では75・5%だが、2018年には65%まで減る見通しだ。ユーロ圏に加盟している国は、財政赤字をGDPの3%未満、公的債務残高をGDPの60%未満にすることを義務づけられている。ドイツはEUの事実上のリーダーとして、他国に対して「やればできる」という模範を示そうとしているのだ。

ドイツは財政規律の遵守を、世界で最も厳しく自らに義務づけている国の1つだ。同国は2009年に、「債務ブレーキ」という条項を憲法(基本法)の中に加えた。連邦政府は２０１１年以降、毎年の名目ＧＤＰの０・35％を超える額の借金をすることを法律によって禁止している（実際の適用は２０１５年から）。州政府は、新規の借入金が全く許されない。つまり、財政赤字の削減が、憲法によって義務づけられているのだ。

なぜドイツは財政赤字を急激に減らすことができたのか、その理由は、政府が防衛予算や公務員数の削減を行ったり、税務署が脱税者の摘発を強化したりしたことだけではない。２０１０年以来の未曾有《みぞう》の好景気によって、税収が増えたことも重要な原因だ。

ドイツの税収は、２００３年からの10年間で約40％増えた。金額にして、１７７５億４１００万ユーロ（24兆８５５７億円）の税収増だ。

ドイツはこの期間に所得税率や法人税率を下げているので、増税によって税収を改善したわけではない。

また財政収支の改善は、歳出の大幅削減によるものではない。歳出は、１９９０年には５８５２億ユーロだったが、２０１３年には７８６３億ユーロに増えている。35％の増加だ。ドイツの歳出が恒常的に増加する最大の理由は、手厚い社会保障制度。この国は社会的市場経済の原則を持っているので、社会保障コストを大幅に削ることはできないのだ。

また税収が増加し、国の財政収支の改善をしたといっても、この時期に労働時間が増えたわけでもない。つまりドイツ人がしゃかりきになって以前よりも長く働いたから、財政収支が黒字になったというわけではないのだ。

ドイツが実証した、借金なき経済成長

日本では「我が国の国債の約90％は、国内の金融機関が買っている。このため、政府が外国市場で国債を売る必要がほとんどないので、ギリシャ政府が陥ったような事態は、日本では起こり得ない」という意見が有力だ。

安倍政権は財政赤字を減らすために、２０１４年４月に消費税率を5％から8％に引き上げた。しかし、景気に対する悪影響を理由に、２０１５年10月に予定されていた10％への引き上げの延期を決定。日本では、「景気回復のためには、消費税の引き上げ延期は当然」という意見が有力だ。

これに対しドイツ人の間では、「**政府が借金を重ねると、若い世代が莫大な利子払いを迫られ、将来のドイツ政府が身動きが取れなくなる。将来の世代に負の遺産を押し付けるのは、無責任だ**」として政府の借金について否定的な見方をする人が多い。ドイツでは、「競

争力のある製品を外国へ輸出したり、現地生産したりすることによって、GDPと税収を増やす。そのことで財政黒字を生み、国の債務残高を減らすのが筋だ」という考え方が主流だ。

財務省の「日本の財政関係資料（2015年3月）」によると、2014年度の財政赤字（国や地方自治体の借金）の国内総生産（GDP）に対する比率は7・7％。2014年度末の公共債務残高の対GDP比率は、230％になると予想されている。

2015年度の公共債務残高は、約807兆円に達する。これは、一般会計税収の約15年分である。日本だけでなく米国、フランス、英国の財政収支も悪化しており、政府の借金依存体質が恒常化している。

これに対しドイツは、「**政府が毎年借金をしなくても経済成長は可能だ**」というメッセージを、全世界に送ろうとしている。これはある意味で、財政出動によって景気浮揚を狙うアベノミクスに対する挑戦状でもある。

我々も、「景気を支えるために政府が借金をするのは当たり前」という考え方を改める時が来ているのではないだろうか。日本政府に最も求められているのは、借金の拡大や消費増税の延期などの小手先の対策ではなく、どのようにGDPを増やすかという長期的な成長戦略なのである。日本政府には、ドイツの「インダストリー4・0」のような、具体的な成長戦略があるのだろうか。

法律によって短い労働時間と長い休暇、健全なワーク・ライフ・バランスを保障し、勤労者を守る「多重防護システム」によって、労働意欲を高める。高い労働生産性によって、国富を着実に増やす。競争力の高い製品によって貿易黒字と恒常的な経済成長を実現し、政府の借金を減らして財政を健全化する——。

2010年以降開花した、このドイツ型成長モデルの基礎となっているのが、社会的市場経済の原則なのである。ドイツ人たちは、今後もシュレーダーのようにコストを減らす努力を行いながらも、弱者に国富を再配分する原則そのものは廃止せずに、維持していくに違いない。

第5章 短い労働時間、高い生産性の一方で…ドイツ流の問題点

人材派遣制度の改革で低賃金労働者が増加

休暇をしっかり取り、長時間労働はせず、社会保障制度の充実をはかることで、高い労働生産性を実現しているドイツ。ただし、全ての物事には表と裏がある。高い労働生産性を維持するために、ドイツが犠牲にしているもの。この章では、それを見ていこう。

シュレーダーの改革以降、この国で人材派遣会社に就職する人の数が急増したことは第2章で紹介した。ドイツの勤労者は法律によって、恣《し》意的な解雇から保護されている。このため企業にとっては、景気が悪くなって受注が減っても社員を解雇するのは困難である。

だが経営者は人材派遣会社から送られた派遣社員を使えば、正社員よりも従業員数の削減を簡単に行うことができる。さらに、正社員に対しては企業年金を用意している企業も多いが、派遣社員は企業年金をもらうことはできない。つまり、ドイツでも派遣社員の立場は正社員に比べて、不安定なのである。

つまりシュレーダー改革は、企業にとっては雇用の流動性を高めたが、一部の社員は以前よりも不安定な立場に置かれたのである。

（図表5-1）人材派遣会社に雇用されて他企業に派遣されている社員の数

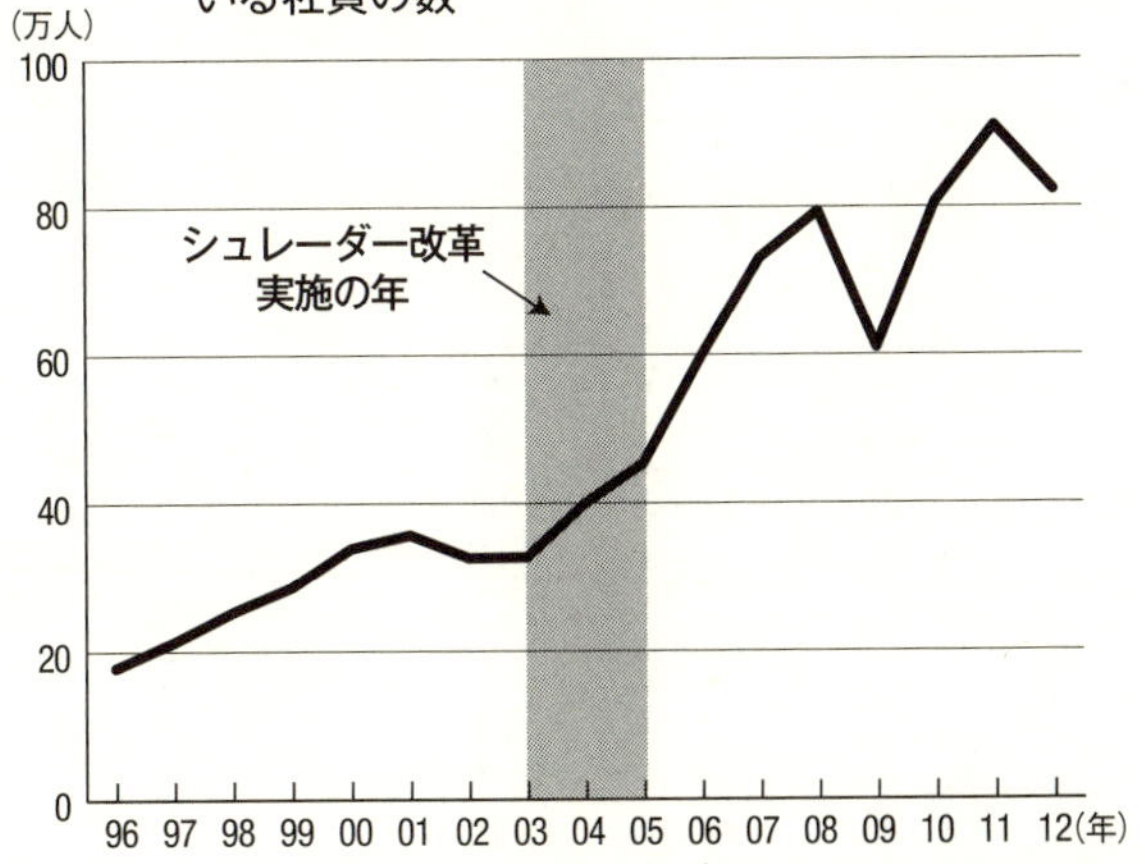

（1996〜2011:各年の6月30日の数字、2012:年末の数字）
資料=ドイツ連邦雇用庁

ドイツ労働市場・職業研究所（ＩＡＢ）は２０１３年７月に、興味深い報告書を発表した。この報告書から、ドイツが他のヨーロッパ諸国に比べて、低賃金層を大きく広げたことが明らかになった。

ＩＡＢは、賃金の中間値の３分の２（66％）よりも低い賃金で働いている市民を低賃金層と定義し、ヨーロッパ各国の比率を調べた。その結果、２０１０年の時点でドイツの低賃金層の比率は、ユーロ圏の中で最も高いことがわかった。

ドイツでは、時給９・54ユーロ（１３３６円）未満の賃金が低賃金。全勤労者の中に低賃金層が占める比率は24・１％で、フランスやイタリアの２倍である。つまり勤労者のほぼ4人に1人が、低賃金で働いているというのだ。

低賃金労働者の比率は、1997年には16・8%だった。13年間で、低賃金層の比率が7ポイントも増えたことになる。

この研究を行ったトーマス・ライン研究員は、ドイツで低賃金層の比率が他国よりも高くなっていることについて、「シュレーダー政権が失業保険制度の改正、派遣社員に関する規制緩和やミニ・ジョブの導入などによって雇用市場を改革したことが、原因の1つ。これらの改革が、失業者に対するプレッシャーを高めたので、これまでよりも多くの人々が、賃金が低い仕事に就くようになった。また、失業者たちが低賃金部門に新しい労働力として参入してきたことで、競争が激化。すでに低賃金で仕事をしていた市民の中には、失業しないためには、さらに低い賃金でも働く人が増えた」と説明している。

2000年からの10年間、ドイツの単位労働コストの伸び率は、他のユーロ圏各国に比べてはるかに低かったのだが、その理由の1つは、シュレーダーが低賃金労働者の比率を増やしたことにある。この国の企業の高い競争力は、低い賃金で働く人々によって支えられていた。

アングロサクソンの国である英国は、アメリカと同じ自由放任主義に基づく競争社会である。このため私は、ドイツよりも英国のほうが低賃金層の比率が高いのではないかという先入観を抱いていた。しかしこの報告書は、ドイツの低賃金層の比率のほうが、英国よりも高いことを示した。

シュレーダーの改革が、この国で単純労働者とそれ以外の労働者の賃金の格差を大きく広げたことを、如実に物語っている。統計上、勤労者の数は増えたことは事実だが、労働の内容が悪化し、所得格差が拡大したのである。日本や米国と同じく、ワーキング・プアの問題が浮上してきたのだ。

労働条件の悪化が引き起こした（？）大事故

一見華やかに見える航空業界でも、低賃金部門が大幅に拡大した。欧州では21世紀に入ってから、ライアンエア、イージージェット、ノルウェジアン、エアベルリンなど格安航空会社が雨後の筍《たけのこ》のように誕生。航空券の価格破壊に拍車がかかった。たとえばドイツから英国に20ユーロ（2800円）で飛ぶことが可能になった。通常の航空券の5分の1の値段だ。

国際民間航空機関（ＩＣＡＯ）の調べによると、２００４年に欧州で運航された航空機の座席数の中で、格安航空会社が占める比率は20％だったが、２０１４年にはこの比率が45％に高まっている。このためドイツの老舗ルフトハンザは２０１４年に7億３２００万ユーロ（１０２４億８０００万円）という巨額の赤字を計上。大手航空会社も傘下の格安航空会社を拡大せざるを得なくなっている。しかし格安航空会社の乗務員の給与は大手よりも安く、勤務条件も悪い。

こうした中、格安航空会社で働いていたパイロットの心の病が、大惨事を引き起こした。ジャーマンウイングスは、ルフトハンザ系列の格安航空会社。２０１５年3月24日、バルセロナからデュッセルドルフへ向かっていたジャーマンウイングス航空のエアバスＡ３２０型機が、フランス上空で突然急降下してアルプス山脈に墜落したのだ。

機体は跡形もなく大破し、乗客・乗員１５０人は全員死亡した。検察庁のボイスレコーダーの分析から、27歳の副操縦士Ｌが、コックピットを離れた機長が席に戻れないようにドアをロックした後、わざと機体を急降下させて墜落させたことがわかった。Ｌはうつ病のために精神科医の治療を受けていたが、医師の「就労不能証明書」を会社に提出せずに、勤務を続けていた。

Lは子どもの頃からパイロットになることが夢だった。だが心の病を持っていたことが会社に知れると、操縦席に座れなくなると考え、病気を隠したものと見られている。Lが旅客機を墜落させたフランスのアルプス山脈は、彼が子どもの頃にグライダーで飛んだことがある場所だった。好きな飛行機に乗ったまま、幼い頃に眺めた山岳地帯で死ぬことを選んだのかもしれない。

乗客の命を預かる副操縦士がリスクになるというのは、想定外の事態だ。ジャーマンウイングスでの待遇や勤務条件がLのストレスを増やし、精神疾患を悪化させたかどうかは、わかっていない。しかしこの事件は、コスト削減の圧力と職場でのストレスが増える中、会社側が気づかない社員の心の病が、大惨事を引き起こす可能性があることを浮き彫りにした。

休暇が長いドイツならではのストレス

シュレーダー改革、リーマンショック以外のストレスもある。ドイツの勤労者たちは、企業間のグローバルな競争の激化によって、以前よりも短時間で成果を上げなくてはならないという圧力に悩まされている。

ドイツの企業では原則として1日10時間働くことや日曜日や祝日に働くことは禁止されているので、課題の締め切りが迫っている時のストレスは大きい。これは長時間労働によるストレスとは異質の、「締め切りまでに仕事が完成しなかったらどうしよう」という不安によるストレスだ。上司や顧客からせっつかれるストレスも、大変なものである。

また、ドイツ企業の中で、育児休暇や在宅勤務の社員が多い課では、突然顧客からの注文や問い合わせが舞い込んだ場合に、その時に出社している社員が担当させられることがある。つまりオフィスにいる社員のストレスが過重になる可能性がある。

さらに、ドイツの会社では、上司が出張や休暇のために1週間から2週間オフィスを空けることも珍しくない。課題を仕上げる際に、上司と打ち合わせをして許可を得る必要がある場合には、上司が出張したり休暇を取ったりする前に打ち合わせをしなければならない。この場合は、課題の締め切りが事実上早まることになり、社員のストレスは一段と大きくなる。

私は、この現象を「休暇・出張前ストレス」と呼んでいる。つまりドイツの会社では、労働時間の制限や上司の長い休暇のために、タイム・プレッシャーが日本よりも大きくなることがあるのだ。

日本人の目から見れば、「上司や他の社員の休暇のために、自分のストレスが増えるというのは言語道断だ」と思われるだろう。だがドイツでは、管理職も平社員も交代で長期休暇を取れるので、不公平感はない。

「サービス砂漠」のドイツ

ドイツの一生活者として感じる最も大きな問題は、サービスの質の低さである。「おもてなし」を世界に誇る日本からドイツに転勤してきた日本人の中には、商店などでの顧客サービスの悪さに強いショックを受ける人が少なくない。

ドイツの店員は堂々としていて、お客さんに対してへりくだった態度はとらない。ぶっきらぼうな態度の店員も少なくない。ドイツの店員を日本に連れてきて、接客態度について試験を行ったら、10人中9人は確実に落第するだろう。

「サービス砂漠・ドイツ」に悩んでいるのは、我々日本人だけではない。私の知人で日本に長年勤務したドイツ人は、故郷に戻ってきた直後、パン屋の店員の態度の悪さにショックを受けたという。彼は、日本の店員の丁寧な接客態度に慣れていたので、母国の店員の態度の悪さに驚いたのである。

「サターン・ハンザ」や「メディア・マルクト」など家電製品の量販店に行くと、店員の数が少ないので、質問をしたい時などには店員を探し回らなくてはならない。人件費を節約するために、店員の数を最小限に抑えているのだろう。

ドイツのレストランのウエイトレスたちは、労働条件が悪いせいか、特に態度が横柄であることが多い。あるバイエルン風レストランで、10ユーロ前後の食事をした後に100ユーロ紙幣で払おうとしたら、「もっと細かい紙幣はないのか?」とウエイトレスに叱られたこともある。

また別のレストランでは、食事が終わった後に日本から来た知人と話をしていたら、「食べ終わった後の皿を渡してくれ」とウエイトレスから指図された。レストランなどで、ナイフとフォークを平行に揃えておくことは、「食事が終わりました」というサインだが、このウエイトレスはそのルールも知らなかった。一体どのような社員教育をしているのか。このレストランには、二度と行きたくないと思ったものだ。

私がドイツに来た1990年頃には、店や会社に電話で問い合わせをしても、ドイツ人の電話口での対応はぶっきらぼうであることが多かった。1990年に私はドイツでファクスを購入したが、取扱説明書が付いていなかった。そこでこのファクスを製造した日本企業のドイツ子会社に電話をした。ドイツ人の担当者に「ファクスの取扱説明書はありますか」と尋ねると、「そんなものはない」の一言で片付けられた。

現在では、特に大企業の場合、米国企業と同じように、「社内研修用」と称して、電話口で社員と顧客との会話を録音する会社も増えてきたので、ドイツ人の電話応対は、90年代に比べるといくらか良くなった。それでも、電話でドイツ人担当者にたどりつくまでに、機械に対して自分の用件をプッシュ番号で何度も伝えなくてはならず、イライラさせられる（機械による応対が増えているのは、日本も同じかもしれないが）。

お客に迷惑をかけても謝らない

2001年に、フランクフルトのある高級ホテルで見た従業員の態度も忘れられない。ここは世界の要人が投宿するほど、格式が高いホテルだった。2001年当時、狭いシングルルームでも、正規料金は700マルク（当時の為替レートで約4万円）もした。ただし高級ホテルが客にとってベストのホテルであるとは限らない。

私がこのホテルに到着すると、従業員がお客さんをチェックインさせる作業にえらく手間取っている。コンピューター・システムにトラブルが起きたので、手作業でチェックインを行っているのだ。

当時このホテルでは、鍵ではなく、プラスチックのカードに穴を開けるカード式のキーを使っていた。お客さんがチェックインするたびに、その都度カードに穴を開けて新しいカードを作るという方式だった。私はキーを受け取ると、８０７号室に直行した。カードをドアに差し込むと、カチッという音がして扉が開く。すると、中から「ハロー、ハロー」という男の声。部屋を覗き込むと、全裸の若い男がベッドの上で慌ててシーツを身体にかけているところだった。私はびっくりしてドアを閉めた。

ホテルの従業員は、すでに客が泊まっている部屋を私に割り当てて、キーを渡したのである。こんなことは、過去20年の長い旅行歴の中で一度もなかった。

私は荷物を抱えたまま、忿懣《ふんまん》やるかたない思いでフロントに戻った。キーを作った従業員は、金髪の若いドイツ人女性。私は頭に来ていたが、まあ間違いというのは誰にでもあると自分をなだめていた。しかも、コンピューターが壊れたのは、この従業員のせいではない。

ところが、私を怒らせたのは、そのフロント係の態度である。私が「この部屋にはもう人が入っていましたよ」と言ってキーを返すと、フロント係の女性は、「申し訳ありません」など謝罪の言葉は一言もなく、無言で別のキーを作って私に差し出した。私はここで、客を本当に怒らせるのは、間違いそのものではなく、その後の従業員の態度だということを、改めて感じた。私が「こういう時には、まず客に謝るのが当たり前ではないのか」と言うと、フロント係の女性はようやく「すみませんでした」と言ったが、「でも間違いは人間なら誰でもするじゃないですか」と弁解した。

ヨーロッパ人、特にドイツ人の態度の中で、日本人になかなか理解できないことの1つは、自分の非を認めようとしない性格である。他人に素直に謝ることができないドイツ人の頑固さを、このホテルは再確認させてくれた。しかし外国人客が多い高級ホテルですら、そんな基礎教育を施していないというのは、意外に感じられた。

もしも日本のホテルで、従業員がすでに人が泊まっている部屋の鍵をお客さんに渡してしまったら、ホテルの従業員は平身低頭で謝るだろう。

当時私は、ドイツに住み始めてからまだ11年目だった。このため、まだ「ホテルの従業員が謝って当たり前」という先入観を持っていた。こういう期待感があったから、私は従業員の横柄な態度に怒ったのだ。

だがこの国に25年間住んだいまでは、もはやそのような期待感を失ってしまったので、似たような事態が起きてもあまり腹が立たない。つまり、ドイツ人の悪いサービスに腹を立てないためには、過度な期待を持たないことが一番だ。私は「この国のサービスは悪くて当たり前」と思うようにしている。悪いサービスに対していちいち怒っていたら、身が持たないのだ。

サービスはタダではない？

なぜドイツ人はサービスが不得意なのだろう。ドイツ語でサービスはDienst《ディーンスト》またはDienstleistung《ディーンストライストゥング》だが、この言葉はdienen《ディーネン》つまり、誰かに仕えるという動詞から来ている。dienenというドイツ語には、従属的な語感がある。自分が他者に対して、低い地位にいるような印象を与える。つまり個人主義と独立性を重んじるドイツ人にとっては、イメージが悪い言葉だ。Diener《ディーナー》（従者）という言葉も連想させる。

したがって、ドイツではサービスは無料ではない。レストランのウエイトレスやウエイター、タクシー運転手、理髪店、クリーニング店の店員らにはチップを払わなくてはならない（米国では約15％のチップが常識だが、ドイツ人は米国人ほどチップは出さない。目安は10％前後だ。たとえば代金が10ユーロならば、11ユーロ渡す）。だがサービスが悪いと思った時には、私はチップを渡さない。客として抗議の意思表示をするためだ。

日本では、サービスはしばしば無料である。我が国では企業や商店の間の競争が激しいために、売る側は様々な無料のサービスを提供することによって、お客さんから注文を獲得しようとする。

これに対しドイツの企業や商店にとって、サービスは原則として無料ではない。したがって、サービスを提供するためのコストを常に考慮する。サービスにかかる費用が、収益に比べて高くなりすぎると判断された場合には、サービスは提供しないのだ。これは、日本とドイツの商習慣の、最も大きな違いの一つである。さらに、ドイツがサービス砂漠になっている原因の1つでもある。

日曜日・祝日には商店が一斉に閉まる

もう1つ、サービス砂漠を象徴するものが、商店の営業時間の短さだ。ドイツに初めてやってきた日本人の中には、ほとんどの商店が日曜日や祝日に閉まっていることに、戸惑う人が多い。日本では、コンビニエンスストアだけではなく、スーパーやデパートの中にも夜間営業を行う店が増えているが、ドイツでは考えられないことだ。

私が住んでいるミュンヘンでも、日曜日と祝日には、一部のパン屋、中央駅、空港やガソリンスタンドの売店を除けば、全ての商店が閉まっている。日本のような、24時間営業の独立したコンビニエンスストアはない。駅やガソリンスタンドの売店では、買える商品の幅も非常に狭い。

私がドイツを初めて訪れたのは、1980年の夏だった。日本の大学で経済学を勉強していた私は、AIESEC（アイセック）という国際学生機関の試験を受けて、ドイツの企業で3ヶ月間研修生として働いた。勤務先は、ノルトライン＝ヴェストファーレン州のオーバーハウゼンという町のドイツ銀行の支店だった。

当時私は、日曜日に店が全く開いていないということを知らなかった。シンガポールやバーレーンを経由し、20時間を超える初めての長距離飛行で疲れていた私は、土曜日に学生寮に到着するやいなや、泥のように眠りこけた。翌日の日曜日に買い物をしようと思って町へ出かけた時に初めて、全ての商店が閉まっていることに気づいた。このため、私は全く買い物をすることができず、ドイツで初めての夕食は、ファストフード店（日曜日でも開いている数少ない業態）で買った、焼いたソーセージと脂っこいフライドポテトだった。

多くの日本人は、「日曜日や祝日には多くの市民が買い物をする時間があるのだから、店を開けておけば、売上が増えるではないか」と思うだろう。これは、アジア的な発想である。香港やバンコクでも、日曜日には全ての店が開いている。

しかしドイツでは、週末にも店を開けて売上を伸ばすよりも、休みを優先させる。「オフィスで働くサラリーマンだけではなく、商店で働く人々にも、家族との時間を楽しむ権利を保障するべきだ」という考え方が主流だ。確かに、ワーク・ライフ・バランスがオフィスで働くサラリーマンに保障され、商店で働く人に保障されないのでは、不公平である。特に教会や労働組合は、日曜日や祝日の営業について、頑として反対している。

ベルリンなど一部の都市には、景気を活性化させるために、商店の日曜日の営業を認めようとする動きもあるが、まだまだ例外である。

また日本では、ショッピングを楽しむことを日曜日や祝日の過ごし方の1つと考えている人も多いと思うが、ドイツでは、税金などの負担が大きく可処分所得が比較的少ないこともあり、ショッピングを楽しむという発想は、日本や香港に比べると少ない。むしろ「買い物はストレスを増やす」と考えている人も多い。さらに、ドイツ人の間には、「日曜日には店が閉まっていて、繁華街も静かであるほうが良い」と考える人も少なくない。

これとは逆に、ドイツに引っ越してきたばかりの日本人の中には、「町が静かすぎて、さびしい」と思う人も多いようだ。確かに日曜日でも人通りが多い東京や香港、パリやロンドンの繁華街に比べると、ベルリンやミュンヘンの繁華街は、日曜日の夕方になるとゴーストタウンのように人の気配がなくなる。

商店の営業時間まで法律で定められている

ドイツの商店の営業時間は、「閉店法」という法律によって厳しく定められている。その歴史は古く、最初の閉店法はドイツ帝国が1900年に施行した。

当時、商店の営業時間は7時から21時までとされていたが、ナチス政権は営業時間を18時30分までに制限した。1956年に西ドイツで施行された閉店法もこの伝統を受け継ぎ、月曜日から金曜日の営業時間を7時から18時30分まで、土曜日は14時までに限っていた。1957年7月からは、毎月の最初の土曜日だけは店を18時まで営業することが許された。

つまり店員の休む権利が守られていたために、市民が買い物をする権利は、厳しく制限されていたのである。顧客が買い物をする権利の著しい制限は、約40年間も続いた。

私は1990年代の初めに、行きつけの文具店に18時29分頃に着いたところ、目の前で店員にドアを閉められて錠をかけられたことがある。私はその店員の顔を知っていたので、扉を叩いて、開けてくれないかと懇願したが、この店員は目をそらして、店の奥のほうへ姿を消した。閉店時間まぎわに店に入って、店員から露骨にいやそうな顔をされたこともある。

多くの日本人は、こんな仕打ちを受けたら、「この店にはもう二度と来ない」と思うだろう。だが、ドイツの商店はお客さんにそう思われても、法律を守ることを重視する。私は「ドイツでは、個人的な感情よりも、法律や規則が優先される」という印象を持ったものだ。

当時のドイツは特に、日本のような「お客様は神様です」という意識はきわめて薄かった。日本ならば、「売り手はお客様からお金をもらうのだから、お客様の立場は売り手よりも高い」と考えるのが常識だ。しかしドイツでは、売り手と買い手の立場の格差は、日本よりもはるかに小さい。売り手が買い手に対して堂々としているのは、このためでもある。

私にとって、閉店時間までに買い物を済ませなくてはならないというストレスは、日本では経験したことのないものだった。特に土曜日には、「14時に商店が閉まるまでに買い物をしなくては」という思いがいつも頭の中にあり、慌しかった。

１９９６年になって、月曜日から金曜日までは、6時から20時まで、土曜日には16時まで商店を営業することが許された。

２００３年６月からは閉店法がさらに緩和され、土曜日も商店は20時まで営業できるようになった。日曜日と祝日の営業禁止だけは変わっていないが、一部のパン屋は営業できるようになった。日曜日の朝食のために、焼き立てのパンを買えるようになったのは、良いことだ。１９９０年代に比べると、我々お客側の主権がかなり認められてきたと感じている。

ドイツではあり得ない、日本のサービスの質の高さに感動

それでもドイツのサービスは、日本の足元にも及ばない。私は毎年1回か2回は日本に行くのだが、「日本のサービスはすごい」と毎回感心させられる。私はドイツでは「良いサービスは受けられない」とあきらめているために、日本でのきめ細かなサービスに接した時の感動の度合いが一段と強いのだ。

岩手県盛岡駅から西の方角へ車で30分ほど走ったところに、繋《つなぎ》温泉という、静かな湯治場がある。この中で私が常宿にしている、静かな「湖山荘」の露天風呂で、鳥のさえずりを聞きながら、熱い湯の中で手足を伸ばす時、日本の良さをしみじみと感じる。湖と山を眺めながら、夕日が差し込む浴場の湯に身を沈めていると、心が洗われるような気がする。部屋に到着すると、おしぼりと和菓子のサービス。

夕食の後も、談話室には飲料水と氷を入れた魔法瓶が置かれているほか、空腹を感じたお客さんのために、廊下の机の上には、丁寧にラップで包んだおにぎりが並べてある。しかも、「おにぎりがなくなった場合には、お気軽に従業員に声をかけて下さい」という添

え書きもある。チェックアウトした後は、従業員が荷物を車まで運んでくれる上、出発するまで我々を見送ってくれる。

東京のあるホテルで、ズボンのチャックが壊れたため、「修理してくれる店を教えてくれませんか」と尋ねたら、頼んでもいないのに無料で直してくれた。

ドイツではとても考えられないサービスであり、感動した。ドイツをはじめとするヨーロッパのホテルが、軽食を無料で提供したり、従業員がチップなしで荷物を運んでくれたり、ズボンを修理してくれたりすることは、まずない。

日本で列車の旅をしていても、いろいろなことに気づく。車内を回って切符の点検を終えた車掌が車両から出る時に、客席のほうを振り向いてお辞儀をしてから、次の車両に移る。なんという礼儀正しさだろうか。ドイツではあり得ないことだ。

日本の新幹線が折り返しのために終着駅に停車する時間は12分だが、清掃チームはわずか7分で掃除を終える。車内は、7分で終えたとは思えないほど、清潔になっている。日本のサービスの質の高さを象徴する、早業《はやわざ》である。日本人が仕事にかける熱心さ、真面目さが伝わってくる。ドイツ版新幹線であるICEの車内は、折り返し地点でもこれほどきれいに清掃されていない。清掃チームは、新聞紙や紙コップなど、大きなゴミをビニール袋に集める程度だ。

日本の丁寧な接客態度の賛否両論

日本の商店やレストランでの従業員の態度も、ドイツと比べると格段に丁寧である。近年では、スーパーマーケットやレストランのレジでお金を払って帰ろうとすると、店員が胸に両手をあてて「どうも有難うございました」と言いながら、深々とお辞儀をすることがある。胸に両手をあててこれほど丁寧なお辞儀をするというのは、ドイツでは全く考えられない。

銀座のある和菓子屋では、買った商品を紙袋に包んで手提げ袋に入れてくれるだけではなく、店員がわざわざカウンターの奥から、店の前まで出てきて、お客さんに手提げ袋を手渡し、見送ってくれる。雨が降っている時には、紙の手提げ袋にビニール袋をかけてくれる。「至れり尽くせりのサービスだ。日本に住んでいる読者の皆さんは「特に珍しくもない」と思うかもしれないが、ドイツのサービス砂漠に慣れている私は、こういうサービスを受けると、感動してしまう。

日本の理髪店や美容院の中には、コーヒーを出してくれたり、肩を揉んでくれたりする店もある。しかも、日本では理髪店でチップを払う必要がない。

デパートでは売り場の前の通路を通るだけでも、店員から「いらっしゃいませ」、「どうも有難うございました」と声をかけられる。買ってもいないのに御礼を言われると、なんだか恐縮してしまう。

一方で「日本の店員の接客態度の丁寧さは、特にリーマンショック以降、一段と目立つようになった。客に対して丁寧な態度をとらないと解雇されてしまうから、みんな仕方なくやっている」という分析を聞いたことがある。

また、私のフランス人の知り合いは日本に10年近く住み、日本語も流暢《りゅうちょう》に話すことができる日本通だが、「日本のスーパーの店員の接客態度は丁寧だが、いかにもマニュアル通りにやっているという感じで、表面的だ。フランスなどのスーパーでは、客と店員がレジのところでちょっとした会話を交わしたり、ジョークを言ったりすることがあるが、日本ではそういった心の通い合いは見たことがない」と話していた。このフランス人は、「日本の店員の接客態度には、ハートが感じられないから淋しい」と感じているのだ。

確かにそういう面はあるだろう。だがお金を払う側の立場から考えると、店員さんが親切で丁寧な態度をとってくれると、やはり気分が良い。「また来て買おう」という気持ちになる。

ドイツではサービスよりも価格の安さ

ただしドイツの物価は、日本に比べると割安である。その理由には、サービスを省略しているということもあるだろう。ドイツの商店やホテルが、日本のような、かゆいところに手が届くようなサービスを提供できない背景には、人件費が高いので、効率的に仕事をさせなくてはならないという事情がある。もしもドイツのホテルや商店で日本並みの水準のサービスを要求したら、請求書がいまよりもずっと高くなるだろう。

たとえばドイツには、サービスは悪いが、割安なホテルがたくさんある。前述したように、税金や社会保険料のためにドイツの可処分所得は日本よりも低いので、市民にとっては細かいサービスよりも、料金の安さのほうが重要なのだ。日本のあるホテルでは、エレベーターの前に常に従業員が立っていて、お客さんが近づくとボタンを押してくれたが、ドイツではこのようなサービスは見たことがない。おそらくドイツの経営者は、このようなサービスを提供するよりも、従業員の数を減らして宿泊料金を下げようとするだろう。

最近私の知り合いのドイツ人の中には、休暇を日本で過ごす人が増えている。２０１０年以降は、観光地としての日本への関心が、ドイツ人の間でも20世紀に比べて高まっていることを感じる。

彼らの中には「日本の伝統的な旅館のサービスや食事、温泉は素晴らしいが、やはり値段が高い」とこぼす人が多い。とりわけ粗食に慣れているドイツ人は、旅館の朝ごはんのご馳走は「多すぎる」と感じるのだろう（ドイツ人の中には、温かく調理された食事は昼しか食べないという人が少なくない。朝食はパンとコーヒー、夕食もパンだけという家庭が大半だ）。

ドイツ人は、「できることは自分でやる」という精神を尊重する。日本でも最近は、お客さんに家具の部品を自宅まで運ばせ、自分で組み立てる店が現れているが、ドイツでは20年以上前から当たり前だった。日本では、家具を買うと店員が無料で自宅に配送し、組み立ててくれるサービスが常識だったが、ドイツではセルフサービス制をとることによって、値段を下げていたのだ。

壁や天井の漆喰《しっくい》の塗り替えを自分でやるのは、当たり前。浴室のタイルの貼り替えや木材によるフロアリングを自分で行ったり、老朽化したアパートを自分で修繕したりするのも、ドイツでは日常茶飯事である。ギリシャの島に土地を買って、別荘を自分の手で建てたドイツ人も知っている。男性だけではなく、女性にも大工仕事に長《た》けている人が少なくない。いわゆる「Do it yourself」の習慣は、日本よりもはるかに社会に浸透している。彼らがこうした仕事を自分でやってのける最大の理由は、コストの節約である。

発明はうまいがビジネス化が下手なドイツ

もう1つ、ドイツ経済には重大な弱点がある。それは、新技術を発明しても商品化したり、新しいビジネスモデルを生み出したりするのが苦手である点だ。

その典型的な例が、ファクス技術だ。ファクスは電子メールが普及する以前、つまり1990年代前半までは、重要な情報伝達手段だった。画像や文字を遠隔地に送る技術は、19世紀前半から存在したが、文字の伝送技術を大きく改良したのはドイツの発明家ルドルフ・ヘルだった。

彼が開発した「ヘルシュライバー」は、タイプで打たれた文字の画像を細かい点に分解し、この点を電話線などによって送り、目的地で再び文字として復元した。彼は1929年にこの技術について特許を取得。電機メーカー・シーメンス社がヘルシュライバーを生産したほか、第二次世界大戦中にドイツ軍も戦場での通信のために使用した。

もちろんヘルシュライバーはタイプした文字を伝送する装置なので、厳密に言えば今日使われているファクスとは異なる機械だ。だが文字画像を分解して電気的に送信する技術は、今日使われているファクスの萌芽《ほうが》だった。

ドイツ企業は、この技術は企業や家庭向けの商品につながらないと判断した。このため伝送装置の小型化、改良、マーケットの開拓などを行わなかった。ヨーロッパにはアルファベットの文章を送受信するためのテレックスという便利な技術があったので、ファクスがビジネスチャンスになるとは考えなかったのだ。ドイツの多くの企業では、1990年代の初めまでテレックスが使われていた。

ハイブリッド・カーもMP3も開発はドイツだったが…

ところがテレックスは、漢字が多い日本語の文章を送るのには適していない。日本語をローマ字にしてテレックスで送るのは、書くほうにとっても読むほうにとっても面倒だ。これに対し画像を送るファクスは、漢字を使用する国民には大変便利な技術だった。

1974年に英国のインフォテックという会社が、大型のファクス機を企業向けに売り出した。これは日本でも大いに注目され、我が国の電機メーカーが1980年代にファクス機の小型化、軽量化、価格の引き下げに成功する。

特に1985年に日本で電話機など端末設備の自由化が行われてからは、企業や商店、家庭にファクス機が急速に普及。我が国の製品は一時世界の市場を席巻した。

もしもシーメンス社が、ファクスが漢字を使用する国で大きな需要を持っていることに着目し、技術を改良していたら、ファクス販売で巨額の利益を上げられたかもしれない。ドイツは大きな可能性を秘めた技術を持っていたのに、商品化において、英国や日本に先を越されたのである。

世界中の音楽ファンの中で、MP3という音声圧縮技術のお世話になっていない人はあまりいないだろう。この技術を1995年に開発したのは、ドイツのエアランゲンにあるフラウンホーファー統合回路研究所である。当時ここで働いていたカールハインツ・ブランデンブルク教授は、この技術で特許を取った功績により、「ドイツ未来賞」など数々の賞を受賞している。

音楽の世界に革命的な変化をもたらしたＭＰ３だが、この技術を利用したプレーヤーの生産、販売で利益を上げたのはドイツの企業ではなく、米国のアップルなど外国の企業である。ファクスの場合と同じく、ドイツで生まれた技術の商品化とマーケティングで成功したのは、ドイツ以外の会社だった。

小型ながら高出力の、自動車のロータリーエンジンを開発したのも、フェリックス・ヴァンケルというドイツ人の発明家だったが、商品化に成功したのはライセンスを買った日本の自動車メーカーだった。

ハイブリッド・カーにつながる技術を世界で最初に開発したのもドイツの自動車業界だったが、世界で初めて商品化に成功したのは、日本のメーカーだった。

ドイツは磁力で車体をレールから浮かせる高速列車リニアモーターカー「トランスラピード」を開発した。だが本稿を執筆している２０１５年の時点では、この列車はドイツ国内で全く使われておらず、中国でしか実用化されていない。一時ミュンヘンの中央駅と空港をトランスラピードで結ぶ計画もあったが、コストがかかりすぎるという理由で中止された。

つまりドイツは、新しい基礎技術を開発する能力には長けているのだが、それをビジネス化する力が弱いのだ。

2015年3月に私がインタビューした、ドイツのある大手IT企業の元社長も「ドイツは物づくりには強いが、ビジネスモデルの開発に弱い。米国企業の工業技術はドイツに及ばないが、ビジネスモデルのイノベーションでは、ドイツよりも優れている」と語っていた。

多額の研究費と長い歳月をかけて新技術を開発しても、その技術による収益の大半を外国の企業に稼がれてしまうのでは、ドイツ経済にとっては非効率な投資と言わざるを得ない。

それもこれも「顧客サービス」の弱さが原因?

なぜドイツは基礎技術の開発に長けているのに、商品化や実用化では日本や米国に負けてしまうのだろうか。

その理由の1つは、ドイツの消費市場が日本や米国に比べて小さいことだ。このため商品化のためにかかるコストを、短期間で回収することができないので、企業は特許を取っても商品化をためらってしまう。

さらに、ドイツ人の技術者の間では「日本や米国、中国やインドでは、消費者が新しい技術を使った製品に強い関心を示す傾向がある。しかしドイツの消費者の間には、こうした新技術への強い関心、情熱がない」と嘆く声も聞かれる。

確かに、ドイツの消費者は日本や米国に比べると、新しい商品にとびつかない。これは、ドイツ人の国民性だ。しかし、生活を劇的に変えるような新しい技術――スマートフォンやＭＰ３プレーヤーは、ドイツでも爆発的に売れた。そう考えると、ドイツ企業は、新技術を利用した製品へのユーザーの反応について、十分な市場調査を行わなかったために、その技術が新しいビジネスへのチャンスを秘めていることを見過ごした可能性がある。これも、ドイツで「顧客サービス」が弱いことの１つの表れであろう。

第6章

報われる働き方のために――日独〝いいとこ取り〟のススメ

日本人が真似すべきこと、真似すべきでないこと

ドイツと日本の間には、国民性や文化の面で大きな違いがある。したがって、ドイツ人が行っていることを全て日本でコピーするべきだとは思わない。特に、ドイツの商店や飲食店で、人件費の節約のためにサービスが悪くなっていることについては、我々日本人が真似する必要は全くない。

ただし、管理職以外の社員が毎年30日間の有給休暇をほぼ完全に消化することができ、原則として社員を1日10時間以上働かせてはならない社会は、人間的《ヒューマン》である。

私は日本とドイツの両方で働いたことがあるが、勤労者の観点から見れば、ドイツ側に軍配を上げざるを得ない。ドイツで働いている日本人からも、似たような感想を聞く。

「女性にとっては、日本よりもドイツのほうが働きやすい」という声も聞いた。確かに、ドイツ企業では、日本の企業よりも中間管理職に女性が目立つ。幼い子どもを育てながら、フルタイムで働いている女性は珍しくない。オンライン在宅勤務も急速に普及している。仕事と育児の両立が可能なのも、ドイツ企業が「ワーク・ライフ・バランス」を尊重しよ

うとしているからだろう。

日本でも今後「ワーク・ライフ・バランス」を重視する人が増えていくと思うが、この点ではドイツは先進国である。ドイツ市民が会社以外で過ごす時間、家族とともに過ごす時間は、日本よりも長い。

しかも長い有給休暇、比較的短い労働時間は、企業の社員に対する慈悲心やサービスによるものではなく、法律によって定められているものだ。つまり国が法律によって市民のワーク・ライフ・バランスを守っているのだ。

にもかかわらずドイツの労働生産性は、日本よりも高い。法律によって労働時間を制限すると同時に、**仕事への高い集中度と具体的な成果を要求することによって、労働生産性を高く**している。

つまり、長い時間働けば、市民1人1人が生み出す付加価値が増えるわけではないのだ。同じ成果を生むのにかける時間を減らすことができ、労働生産性が高まれば、それに越したことはない。そうすれば会社以外で過ごす自由時間や、家族とともに過ごす時間も増えるだろう。会社で過ごす時間が減り、プライベートな時間が増えることを望んでいるのは、日本人でも同じはずである。

その意味で私は、日本でも労働時間に関する規制や労働基準監督局による抜き打ち検査を強化して、労働生産性を高めることを提案したい。組織的に過度な残業を行わせていた企業については、高額の罰金を科す。さらにメディアが企業名を大々的に報道して、企業イメージを悪化させる。これくらいの荒療治を行わなければ、日本の長時間労働は改まらないかもしれない。

いわゆるブラック企業や過労死、過労自殺の放置は、G7（主要国首脳会議）に参加する法治国家の名折れである。そのためにも、労働基準監督局の権限を強化し、ブラック企業に対する摘発を厳しくするべきだ。

労働時間の短縮は、労働生産性の向上だけでなく、社員のメンタルヘルスの向上にも役立つだろう。

労働時間を短くするだけでは、生産性は高まらない。だから…

だが労働時間を短くするだけでは、労働生産性は高まらない。仕事への集中度を高め、成果主義を重視することも重要だ。さもなければ、未処理の仕事が増えるだけであり、生産性は高まらないだろう。

さらに、**「残業が多い社員は、会社への忠誠心がある」という過去のメンタリティの残滓を完全になくす**など、企業側の考え方も変革する必要がある。社員の査定では、「長時間残業して成果を上げた社員」よりも、「残業をせずに成果を上げた社員」への評価を大幅に高くする。

さらに心身のリフレッシュを促すために、最低限の有給休暇の日数も大幅に増やしてはどうか。私の日本人の知り合いは、ドイツにある企業で一時働いて「生まれて初めて2週間連続の休暇を取った」と感激していた。

日本では、「休暇中も会社の仕事のことが気になって、頭から離れない」という人が多いが、その最大の理由は、休暇が短すぎるからだ。1週間の休暇では、なかなか会社のことを忘れられないだろう。多くのドイツ人が言うように、「最初の1週間は、会社の仕事のことが頭に残っているが、2週目になるとようやく会社のことを忘れられる」のだ。

思い切り休んで気分転換し、働く時には集中して働く。経済全体が生む付加価値を減らすわけにはいかないので、これまでよりも仕事の中の無駄を省き、効率の良い働き方をしなくてはならない。しかも労働時間を切り詰めることによって、労働生産性も高めることができるとなれば、一石二鳥だ。企業にとっても社員にとっても、利益をもたらす。我々の人生は短く、1度きりしかない。我々日本人も、効率よく働くべき時がやってきたのではないだろうか。

日本人が取り入れたい、ドイツ流・報われる働き方

読者の皆さんの中には、「そんなことを言っても、仕事が山積しているし、お客さんが待っているのだから、長時間働かざるを得ない。30日間の有給休暇や、1日10時間以下の労働など、日本では夢物語だ」と思われる方が多いだろう。

しかし、世界にはドイツのように、人間的な労働条件を実際に導入しているにもかかわらず、成功を収めている国がある。いつまでも「日本は変わらない」と思い込んでいたら、日本は絶対に変わらない。限られた時間の中で自分の持てる創造力を最大限に発揮して、仕事に高い付加価値を生み出すことだ。

では、ドイツ人が行っている効率を高める働き方の中で、我々日本人にもできるものはないだろうか。ドイツで見聞きした実例の中から、具体的にご紹介したい。

1．自分に与えられている権限の中で決められることは、自分の責任で判断する。上司にいちいち許可を仰いでいたら、決定のためにかかる時間が不必要に長くなる。

2．打ち合わせや会議は、**どんなに長くても1時間以内**に。

3．出張報告書や打ち合わせのメモを書く時には、最も重要な内容だけを簡潔に記し、**ペーパー1枚以内**にとどめる。

4．メールの送り先の数は、最小限に。どうしても必要と思われる場合を除き、ＣＣはやめる。

5．退社する時には、次の日に達成するべき課題を、箇条書きにして自分の机の上に置いておく。すると、翌日出社してきた時に、何を仕上げればよいか一目瞭然でわかる。課題リストに記した事柄を処理できたら、さっさと退社する。

6．課題リストには、優先順位を付ける。

7．まず顧客の問い合わせを最優先で処理する。理想的には、顧客の問い合わせには24時間以内で回答するようにしたい。これに対し、社内の問い合わせメールへの対応は後回しにする。社内からの問い合わせへの回答が遅いことを上司や同僚から批判されても、「お客様からの問い合わせを優先していた」と言えば、理解は得られるだろう。

8. 重要で複雑な課題は、集中度が高い午前中に処理する。昼食後は、集中度が下がることが多い。

9. メールの処理には、意外と時間がかかる。社内の問い合わせなどの場合は、メールを極力書かず、**口頭で済む連絡は口頭で済ます**。

10. どんなに忙しくても、**労働時間が10時間を超えそうになったら、退社する**。上司が職場に残っていても、気にしない。「上司は私よりも給料が高いのだから、私よりも長く働くのは当然」と自分に言い聞かせれば、上司よりも先に帰ることについて、良心の呵責は抱かなくて済む。

11. 繁忙期でも1週間に1度は早い時間に退社して、**仕事とはまったく別の活動を行い、気分転換を図る**。仕事以外のアポを多くすれば、思い切って早く退社する理由にもなる。会社だけが人生ではない！

12. 会社から与えられた1年あたりの有給休暇の日数が14日間ならば、**思い切って14日間全部消化してみる**。誰かが始めなくては、世の中は変わらない。

13. ただし、長期休暇は課の全員が交代で取るようにすることが重要だ。さもなければ、不公平感が生まれる。社内の理解は重要である。

14. 長期休暇中には、気分転換をできるように、**会社のメールは読まない**。休暇中に会社のことを忘れられれば、出社した時に気分がリフレッシュされて、あらためて仕事のやる気が高まるだろう。

15. 全ての課員がアクセスできる共有サーバーを作り、**誰が見てもすぐに業務を担当できるようにする**。自分が担当した案件に関する書類は、必ずこのサーバーに入れることを義務づける。本人しかアクセスできないフォルダーは、原則として禁止する。そのサーバーがクラウドならば、外国の出張先からもアクセスできるので、なお良い。課員全員がアクセスできる共有サーバーは、課の全員が長期休暇を交代で取れるようにするための前提条件だ。

16. サーバー内の電子フォルダーは、年度や件名などで、できるだけ単純に分類し、誰でもすぐに書類を見つけられるようにする。

17. 誰かが長期休暇を取る時には、顧客から問い合わせがあっても、他の社員がすぐに対応できる体制をとる。

18. **生活リズムを朝型に変更**し、1日を有効に使う。

19. 早く退社できるように、昼休みは45分以内にとどめる。

20. 9時から17時の間は、タバコやコーヒーの休憩や無駄話、個人のネット閲覧を極力減らして仕事に集中し、なるべく早めに退社する。

21. 特定の仕事を仕上げなくてはならない時には、電話がかかってきても出ない。

22. 最優先で仕上げるべき仕事がある時には、アウトルックのカレンダーを、終日「ビジー(多忙)」とマークする。

23. 社内の打ち合わせが多すぎると、特定の仕事に集中できない。**自分で入れる打ち合わせの予定は、1日あたり1回**に限る。

24. **社内の打ち合わせがない週を、月に1回**設ける。

25. 仕事の効率を引き上げるには、スポーツによる健康管理が重要。週に1度は、必ずジョギングや水泳をしたり、フィットネスクラブへ行ったりするようにしたい。

26. ここに掲げた事項を自分1人だけで始めようとすると、「あいつは、協調性や社会性がない奴だ」という批判を浴びる恐れがある。このため、少なくとも**自分が属する部や課の上司や同僚に説明して、理解を得る**ことが必要だろう。

27. **自分が会社で仕事をできる陰には、家族の協力もある。**したがって、退社時間を早めて、家族を大切にすることも重要だ。

ドイツ経済の好況を支える移民の存在

私は日本の労働条件を改善することは、この国に外国から優秀な人材を引き寄せるためにもきわめて重要だと考えている。私はドイツで25年間働いて、各国間で優秀な人材をめぐる競争が始まっていることを知った。この事実は、日本ではほとんど知られていない。

現在ドイツは、社会保障制度に依存せず、税金や社会保険料をきちんと払ってこの国の経済に貢献する移民を積極的に受け入れている。特に、ＩＴ技術者やエンジニアなど、現在ドイツ経済が必要とする技能やノウハウを持った外国人については、移民手続きを簡素化して、移民を奨励している。

ここ数年、ドイツへの移民が急増している。２０１２年には、ドイツへの移民数が米国に次いで世界第２位となった。ＯＥＣＤによると、２０１２年にドイツに移住した外国人の数とドイツを去った外国人の数の差は40万人。これは米国（約１０３万１０００人）に次ぐ数字だ。移民数は、２００７年に比べて72％増えたことになる。

この統計で移民と見なされるのは、1つの国に1年以上住んでいる外国人であり、季節労働者や学生は含まれない。

最近の移民の傾向は、高学歴者の比率が高いことだ。ベルリン人口動態研究所によると、2005年から2010年にドイツに移住した外国人の中で、大学を卒業している市民の比率は35％。これは、ドイツ人の中に大卒者が占める比率（20％）を上回っている。

特にスペインやポルトガルなどでは、大学を卒業しても就職先が見つからないために、外国に移住する若者が増えている。スペイン・イタリア・ギリシャ・ポルトガルからドイツへ移住した市民の中で、大卒者の比率は68％と非常に高くなっている。

移民政策を切り替えて成功した

西ドイツは、1950年代から1960年代に鉄鋼製造業や石炭産業など重厚長大産業で人手が不足したために、トルコ人の移民を単純労働者として多数受け入れた。

当時、西ドイツ政府は「トルコ人は、ドイツで仕事がなくなったら祖国に戻るだろう」と考えていたため、ドイツ語の習得などを義務づけなかった。だが、大半のトルコ人は生活水準が高いドイツに定住した。

単純労働者が失業した場合、ドイツ語が話せないと新しい職を見つけるのは非常に難しい。このため、ドイツに20年以上住んでいてもドイツ語を話すことができず、失業保険で生活するトルコ人が増えたのである。戦後の高度経済成長期のドイツの移民政策は、失敗したのである。

この失敗に懲りたドイツ政府は、1990年代の後半から移民政策を大きく切り替えた。長期的には、カナダやオーストラリアのように、「どの程度経済に貢献できるか」が移民受け入れの基準の中で大きな比重を占めるようになる。またドイツ国籍の取得を希望する外国人には、ドイツ語や地理、歴史に関する試験を義務づけている。

外国人移民が増えても、仕事は奪われない

今後世界各国の間では、優秀な頭脳をめぐる競争が激しくなる。その中で、約30日間の有給休暇を完全に消化でき、1日の労働時間が10時間に制限されている国と、そういった条件を持たない国のどちらが、優秀な外国人をひきつけることができるだろうか。答えは、

私があえて記さなくても、自ずから明白だろう。

日本とドイツの間には、外国人の受け入れ姿勢について大きな違いがある。それは、外国人の数にはっきり表れている。

法務省によると、日本の在留外国人数は2014年6月末の時点で約208万6000人。人口の1・6%だ。

これに対し、ドイツ連邦統計庁によると、ドイツの在留外国人数は2014年末の時点で約820万人。人口の約10%に相当する。

ただしこれは、外国のパスポートを持つ住民の数だ。ドイツには、トルコやアフガニスタンなどから移住してこの国のパスポートを取得した外国人もいる。こうした「移民系ドイツ人」も含めると、広義の外国人の数は、2013年の時点で1590万人に達する。人口に占める比率は、19・7%。つまりこの国では、ほぼ5人に1人が、広義の外国人なのである。ドイツの外国人の比率は、日本の約12倍だ。メルケル首相がドイツを「移民国家」と定義しているのは、このためである。

ドイツは、日本と同じく少子化と高齢化が急激に進んでいる国だ。連邦労働省の推計によると、ドイツが毎年10万人の移民を受け入れても、2030年のこの国の労働人口は現在に比べて約650万人も減る。

日本でも、今後勤労者の数は急激に減っていく。内閣府が2014年に発表した「人口減少と日本の未来の選択」という報告書によると、2060年の労働人口は、出生率が回復したとしても、2013年に比べて1170万人も減少する。

つまり日本とドイツは、同じ悩みを抱えているのだ。私は、日本が30年後、40年後にも高い経済水準を維持するには、高学歴の外国人を積極的に導入するべきだと考えている。この労働人口の減り方を見れば、「外国人が増えると、日本人の仕事が奪われる」などと不安を持つ必要はないのではないか。高い技能を持つ外国人が、ドイツではなく日本を選ぶようにするには、日本の労働条件を良くすることが不可欠だと思う。さらに、外国人をお客様扱いせずに、平等に扱うことも重要だ。

私はある有名な日本企業が、大学で高等教育を受け、日本語も流暢《りゅうちょう》なフランス人社員にまともな仕事を与えず、人事部で宴会や慰安旅行の企画や幹事だけをやらせていた例を知っている。もったいない話である。この企業は、「外国人に日本人と同等の仕事ができるわけがない」と考えたのだろう。いわんや外国人社員に顧客対応などをさせて、日本人のお客さんに対して失礼があってはいけないと思ったに違いない。このフランス人は失望して、母国へ帰った。

ドイツの企業は、日本企業に比べるとはるかに外国人慣れしており、露骨な差別は少ない。外国人には、ドイツ人と同等の義務を求める代わりに、ドイツ人と同じ権利や待遇を与える。「私は外国人だから、〇〇はできない」という言い訳は通用しない。外国人社員に、ドイツ人の顧客への対応や交渉を任せる企業も珍しくない。つまりドイツ企業のほうが、日本企業よりも外国人社員を信頼しているのだ。

日本の労働条件改善の第一歩――全ての社員に雇用契約書を

私は、日本の労働条件を改善するための第一歩は、企業で働く全ての社員に無期限の雇用契約を与え、書面化を義務づけることだと考えている。第4章でお伝えしたように、ドイツの全ての社員は雇用契約書を持っている。社員と経営者の両方がお互いの義務と権利について理解し、署名をしなくては、正式に採用されたことにはならない。

1980年代のバブル拡大期の日本のように、経済が右肩上がりだった時代には、このような契約書はいらなかったかもしれない。しかし、今日のように先行きが不透明な時代には、全ての社員が雇用契約書を持つことは重要である。

外国から優秀な人材を引き寄せるためにも、労働条件が明記されている雇用契約書を準備することは不可欠だと思う。高い技能を持った人々は、労働条件がはっきりしない企業や国を素通りして、雇用契約書のあるドイツのような国へ行ってしまうかもしれない。

対抗勢力（カウンターパワー）がない政権では、労働条件は良くならない

もう1つ、日本の労働条件を改善する上で重要なことは、政治の変革だ。市民1人1人が「ワーク・ライフ・バランスを良くしたい」と考えて、投票行動につなげていかなければ、日本の労働条件は変わらないだろう。「日本の労働条件がドイツ並みになるわけがない」とあきらめてしまっては、元も子もない。

ドイツの今日の恵まれた労働条件も、一朝一夕に生まれたものではない。西ドイツが第二次世界大戦による荒廃から立ち直った後、リベラル政党であるSPDと労働組合は、1960年代から、勤労者の権利を拡大するために戦ってきた。保守政党も、有権者の支持を失わないためには、妥協せざるを得なかった。**今日のドイツのワーク・ライフ・バラ**

ンスは、リベラル勢力が約50年間にわたって行った努力の産物なのである。

その意味では、現在の日本では野党があまりにも弱く、保守政党との対抗勢力になっていない。ドイツや米国、英国、フランスのような二大政党制が、日本で機能していないことは、大きな問題である。有権者がリベラル政党に強い不信感を抱き、国民の支持率が保守勢力に偏っているのは、健全な状況とは言えない。

日本の労働条件を変えていくためには、政権担当能力がある野党を創設し、二大政党制を確立することが急務である。「いつ政権から追い落とされるかわからない」という健全な緊張感を生み出せば、政府は有権者の利益を真の意味で重視するようになるだろう。

日本の読者の皆さんの中には、「日本とドイツは違う、日本の労働環境はそう簡単に変わらない」とおっしゃる方も多いと思う。

しかし、ドイツ人も我々と同じ、人間である。しかも、日本人とドイツ人の労働に関するモラル、生真面目さには似ている点が少なくない。日本人とドイツ人の違いは、日本人とイタリア人・スペイン人との違いほど大きくはない。

私がこれまでお伝えしてきたドイツ人の仕事哲学の中には、個人あるいは自分が働いているチームの中で、できることもあるのではないか。

たとえば、仕事の優先順位をすばやく決定し、場合によっては無駄な仕事を切り捨てる。出社したら、「午前中はこの仕事だけを片づける。午後は、この仕事だけを片づける」というように、1日の目標を立てる。たまには思い切って早めに退社して、本業とは違う活動を行ったり、無為な時間を過ごしたりして、新しいアイディアを生む。バッテリーは放電しているだけでは、長く仕事を続けることができない。たまには充電することが重要だ。

特に、**仕事と人生に関する発想を変えてみること**。これは誰でもできることではないだろうか。考え方を変えることが、仕事の仕方を変えるための第一歩である。

おわりに

私も1982年から1990年までNHKの記者として働いていた時には、休息を取ることの大事さなどあまり考えなかった。刑事の家へ夜回りに行った後、夜11時にNHK神戸放送局に戻ると、守衛のおじさんから「熊谷さん、若いといっても、あまり無理をすると身体をこわしますよ」と声をかけられた。しかし、特ダネを書くという仕事があまりにも面白かったので、守衛さんの言葉を真剣に受け止めなかった。

東京の特報部に移ってからも、3ヶ月の米国取材を終えて、成田空港に着いたその足で渋谷の放送センターへ行き、編集作業を始めるという強行スケジュールをこなしていた。スポーツをして、身体を鍛えるための時間もゼロだった。

しかし守衛さんの言葉には、真実がこめられていた。私の知り合いの記者やディレクターの中には、身体をこわし若くして亡くなった人が数人いる。

1990年にミュンヘンに来て、仕事だけでなくプライベートの時間も大事にするドイツ人たちを見ていると、「こうした生き方もあるんだ」と考えるようになった。しかも彼らは、日本人より長く休んでいるのに、国民1人あたりのGDPでは日本を凌駕《りょうが》し、経済成長も実現している。

ドイツ人のやっていることを全てコピーする必要はない。しかし、我々日本人にとっても、職場以外のプライベートな時間を増やすことは、良いことである。家族と過ごす時間も、長くなるだろう。「効率良く働くことによって、自由時間と高い労働生産性を生み出す」という目標を、21世紀の日本の課題の1つにしてみてはどうだろうか。

なおこの本を世に出すにあたっては、青春出版社・プライム涌光編集部の中野和彦氏に大変お世話になった。心からお礼を申し上げたい。

熊谷　徹

・http://www.bptk.de/（ドイツ連邦精神療法士会議）
・https://www.dak.de/（DAK ゲズントハイト・公的健康保険機関）
・http://www.who.int/en/（世界保健機関）
・http://www.fes.de/（フリードリヒ・エーベルト財団）
・http://www.isi.fraunhofer.de/isi-de/index.php（フラウンホーファー・システム技術革新研究所）
・http://www.bmas.de/DE/Startseite/start.html（ドイツ連邦労働社会省）
・http://www.bmg.bund.de/（ドイツ連邦健康省）
・http://www.arbeitsagentur.de/（ドイツ連邦雇用庁）
・http://www.iab.de/（雇用市場・職業研究所）
・http://www.mpg.de/institute（マックス・プランク研究所）
・http://www.diw.de/deutsch（ドイツ経済研究所・ベルリン）
・http://www.iwkoeln.de/de（ドイツ経済研究所・ケルン）
・http://www.cesifo-group.de/de/ifoHome.html（IFO 経済研究所・ミュンヘン）
・http://www.ifm-bonn.org/（中規模企業研究所）
・http://www.deutsche-rentenversicherung.de/（ドイツ公的年金保険運営機構）
・http://www.vdma.org/（ドイツ機械製造企業連合会）
・http://www.expedia.co.jp/（エクスペディア）
・http://www.oecd.org/（経済協力開発機構）
・http://www.bdi.eu/（ドイツ産業連盟）
・http://www.zvei.org/（ドイツ電子工業中央連合会）
・http://www.dihk.de/（ドイツ商工会議所連合会議）
・http://www.bda-online.de/（ドイツ経営者連合会）
・http://www.mittelstandsfragen.de/（中規模企業問題研究会）
・http://de.wikipedia.org/（ウィキペディア）
・http://www.asm-ev.de/（社会的市場経済協会）
・http://www.spd.de/（SPD）
・http://www.cdu.de/（CDU）
・http://www.tagesschau.de/（ARD・ドイツ公共放送）
・http://www.cao.go.jp/（日本政府・内閣府）
・http://www.mof.go.jp/（日本・財務省）他

〈参考文献〉

・Entscheidungen – Mein Leben in der Politik（Gerhard Schröder 著），Hoffmann und Campe
・Agenda 2010 Strategien – Entscheidungen – Konsequenzen,（Simon Hegelich, David Knollmann, Johanna Kuhlmann 著），VS Verlag für Sozialwissenschaften
・Das Hartz-Desaster（Norbert Wiersbin 著）RaBaKa-Publishing
・ハーバード・ビジネス・レビュー編集部「ドイツ　株主価値経営のジレンマ」ダイヤモンド・ハーバード・ビジネス・レビュー　2006 年 7 月号　ダイヤモンド社
・Frankfurter Allgemeine Zeitung
・Der Spiegel
・Süddeutsche Zeitung
・Handelsblatt
・Die Welt　他

〈参考ウエブサイト〉

・http://www.bundesregierung.de/Webs/Breg/DE/Startseite/startseite_node.html（ドイツ連邦政府）
・http://www.imf.org/external/index.htm　（国際通貨基金）
・http://www.destatis.de（ドイツ連邦統計庁）
・http://www.acatech.de/　（ドイツ工学アカデミー）
・http://www.boeckler.de/index.htm（ハンス・ベックラー財団）
・http://epp.eurostat.ec.europa.eu/portal/page/portal/eurostat/home/（欧州連合統計局）
・http://www.bmwi.de/（ドイツ連邦経済技術省）
・http://www.bundesfinanzministerium.de/Web/DE/Home/home.html　（ドイツ連邦財務省）
・http://www.ecb.europa.eu/home/html/index.en.html（欧州中央銀行）
・http://www.bundesbank.de/Navigation/DE/Home/home_node.html（ドイツ連邦銀行）
・http://www.bankofcanada.ca/rates/exchange/daily-converter/（カナダ銀行）
・http://www.dguv.de/de/index.jsp（ドイツ公的傷害保険機関）

青春新書
INTELLIGENCE

こころ涌き立つ「知」の冒険

いまを生きる

"青春新書"は昭和三一年に――若い日に常にあなたの心の友として、その糧となり実になる多様な知恵が、生きる指標として勇気と力になり、すぐに役立つ――をモットーに創刊された。

そして昭和三八年、新しい時代の気運の中で、新書"プレイブックス"にその役目のバトンを渡した。「人生を自由自在に活動《プレイ》する」のキャッチコピーのもと――すべてのうっ積を吹きとばし、自由闊達な活動力を培養し、勇気と自信を生み出す最も楽しいシリーズ――となった。

いまや、私たちはバブル経済崩壊後の混沌とした価値観のただ中にいる。その価値観は常に未曾有の変貌を見せ、社会は少子高齢化し、地球規模の環境問題等は解決の兆しを見せない。私たちはあらゆる不安と懐疑に対峙している。

本シリーズ"青春新書インテリジェンス"はまさに、この時代の欲求によってプレイブックスから分化・刊行された。それは即ち、「心の中に自らの青春の輝きを失わない旺盛な知力、活力への欲求」に他ならない。応えるべきキャッチコピーは「こころ涌き立つ"知"の冒険」である。

予測のつかない時代にあって、一人ひとりの足元を照らし出すシリーズでありたいと願う。青春出版社は本年創業五〇周年を迎えた。これはひとえに長年に亘る多くの読者の熱いご支持の賜物である。社員一同深く感謝し、より一層世の中に希望と勇気の明るい光を放つ書籍を出版すべく、鋭意志すものである。

平成一七年

刊行者　小澤源太郎

著者紹介

熊谷　徹〈くまがい・とおる〉

1959年東京生まれ。早稲田大学政経学部卒業後、NHKに入局。ワシントン支局勤務中に、ベルリンの壁崩壊、米ソ首脳会談などを取材。90年からはフリージャーナリストとしてドイツ・ミュンヘン市に在住。過去との対決、統一後のドイツの変化、欧州の政治・経済統合、安全保障問題、エネルギー・環境問題を中心に取材、執筆を続けている。おもな著書に『日本とドイツ　ふたつの「戦後」』(集英社新書)、『ドイツ中興の祖ゲアハルト・シュレーダー』(日経BP)、『びっくり先進国ドイツ』(新潮文庫)など多数。『ドイツは過去とどう向き合ってきたか』(高文研)で2007年度平和・協同ジャーナリズム奨励賞受賞。

ホームページ：http://www.tkumagai.de

ドイツ人《じん》はなぜ、1年《いちねん》に150日《ひゃくごじゅうにち》休《やす》んでも仕事《しごと》が回《まわ》るのか

青春新書 INTELLIGENCE

2015年8月15日　第1刷
2015年11月10日　第6刷

著　者　熊《くま》谷《がい》　徹《とおる》

発行者　小澤源太郎

責任編集　株式会社プライム涌光

電話　編集部　03(3203)2850

発行所　東京都新宿区若松町12番1号 〒162-0056　株式会社青春出版社

電話　営業部　03(3207)1916　振替番号　00190-7-98602

印刷・中央精版印刷　製本・ナショナル製本

ISBN978-4-413-04462-2